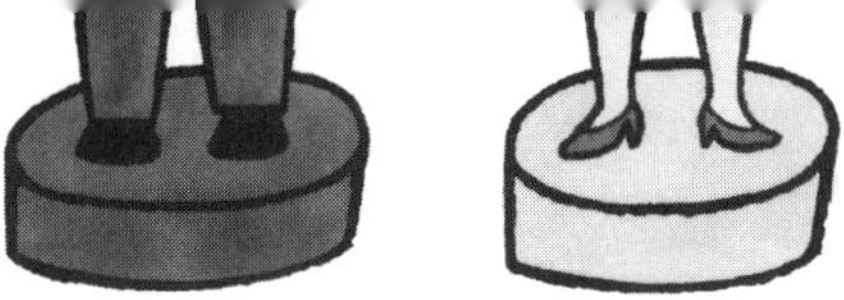

中山真由美
Nakayama Mayumi



# 増やす男と、捨てない女の片づけ術

小学館

写真　小倉雄一郎、インブルーム
装画、イラストレーション　赤池佳江子
ブックデザイン　緒方修一

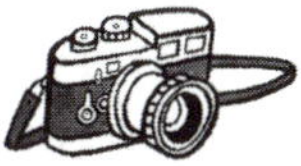

増やす男と、捨てない女の片づけ術

# CONTENTS

In bloom

2015.3.8

出会いに感謝!!

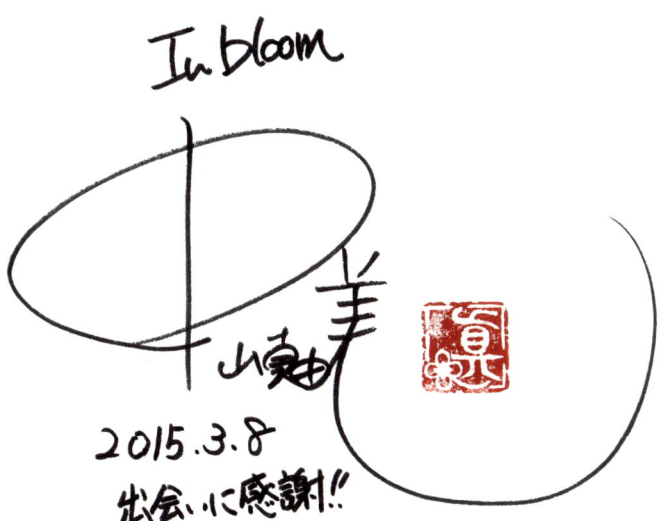

## 第1章　となりの芝生は何色ですか？

### 男と女のすれちがい片づけ術

## 第2章 部屋を2倍、家を5倍広くしませんか?
### みるみる片づく8ステップ

第3章

# 原色片づけ図鑑 ビフォー・アフター

## 部屋がこんなにキレイになった

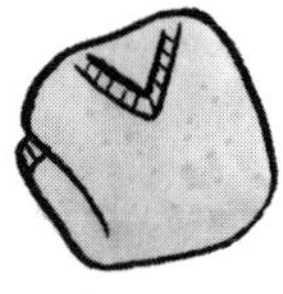

## 第4章 キレイが続く「片づけ8条憲法」のつくり方、まもり方

# はじめに

# 「もったいない」ってなんですか？

部屋は、あなた自身の「性格」です。

2006年から、「整理収納アドバイザー」として、いろいろなお宅にうかがっています。私の仕事は、お客さまの片づけや収納の悩みをお聞きして、カウンセリングしながら、その方のスタイルに合った片づけの方法を提案していくことです。私たちは自分たちを「お片づけコンシェルジュ」と呼んでいます。

これまで1500件以上の家庭にお邪魔し、そこで暮らす夫婦やカップル、家族の方々の「家が片づかなくて困っている」「モノで部屋が埋め尽くされている」という相談を受けてきました。

片づかない部屋と、その方の性格を見ていると、その2つが見事に一致するんです。そしてさらに、その方がパートナーと一緒に暮らしているのなら、部屋には、2人の関係が強く反映されていることもわかりました。部屋が汚いまま、長い間、放っておかれている家庭は、夫婦の危機に直面していることが多いのです。

**片づけに〝魔法〟は存在しません**

部屋にモノが堆積してしまって、何も手をつけられなくなってしまった奥さまの相談を受けたときのことです。

お話をうかがっていたら、奥さまが突然、泣き出してしまったんです。

「もう、この家に主人が帰ってこないんです。離婚するしかありません……」

汚くなり始めた部屋を前に、夫婦間のコミュニケーション不足が加わって、部屋だけでなく、2人の間も、にっちもさっちもいかなくなってしまったのでした。

でも、そんな奥さまが、家がだんだんと片づいていくにつれ、明るくなっていったんです。それまで私と目を合わせようともしなかった方が、目を見てニッコリ微笑《ほほえ》むようになって。「どうしたんですか?」とお聞きしたら、その奥さま、

「主人が、家に帰ってくる回数が増えたんです。『なんだか、家がキレイになったな』って言ってくれて。離婚ですか? もうそんなこと、考えないようになりました」

まだ完全に夫婦関係が改善したというわけではありませんが、明るい兆しが見えてきました。片づけをすることで、奥さまの中で、夫婦関係や自分のこれまでのことなど、いろんなことが整理できたんだそうです。でも、ここまでたどり着くのには、半年以上かかりました。

だって、部屋を片づけるということは、ちょっとだけ「性格」を変えることなんです。「ちょっとだけ」ですが、そんな簡単にはいきません。便利な「魔法」も存在しません。「一気に片づけなさい。そうすれば自分も変わる」と説く方もいますが、性格って、そんなにすぐ変わりませんよね？

捨てたり、片づけたりするだけじゃ、「これまでの自分」は変わらないと思うんです。ほとんどの場合、いったん片づいたとしても、またそのうちに部屋は汚れてしまいます。「たった1分」では、性格も習慣も変わりません。変わらなければ、同じことを繰り返してしまうのです。

もし、自分にあった片づけを身につけることで、自分が変わったら？　新しい自分に出会えたら？　きっと、そのほうがいいですよね。

## トランクルームを600万円で借りますか?

性格を変えるには、現在の自分と向き合わなければいけません。パートナーとの話し合いも必要です。これは楽しくない作業ですし、面倒くさいと感じる人も多いでしょう。

そういう方に、私はよく、こんな実話をお話しします。

その方は、郊外に、30年ローンを組んで、約80㎡の新築マンションを購入されたご家族でした。夫婦2人に、4歳の子供ひとりの3人家族です。

間取りは3LDKで、4部屋あるうち、1室は大きなLDK。1室は夫婦の寝室で、もう1室は子供部屋です。

ところが、もうひとつの10㎡の部屋の目的が曖昧でした。

「もうひとり子供がいてもいいかなあと思って。もしも、あとひとり生まれたら子供部屋にしようと思っていました」

と奥さま。でもそれは、「いつか」という曖昧な予定。「いま」のお話ではありません。

次第に、「ちょっとだけ……」と不必要なモノを置き始め、その10㎡の部屋――というからだいたい6畳の部屋ですね、そこがモノであふれてしまったんです。モノはやがて廊下を浸食し始め、ご自慢の広いリビングにもモノが積まれるような兆候を見せていました。

お客さんが来るようなときは、廊下のモノやリビングの邪魔なモノをその空き部屋に押し込みます。だから、一見、キレイなお宅なんです。ご夫婦も、いまいち問題がわかっていません。

私はこんなアドバイスをしました。

「この素敵なマンション、4800万円で買われたんですよね？　広さは、80㎡ですから、1㎡あたり、60万円です。いまモノを押し込んで使えなくなっているお部屋、広さは10㎡です。ということは、お値段にすると600万円。例えば、6畳のスペースを30年間で600万円出して、借りないですよね？　皆さんは、実は600万円分のお金とスペースを損しているんです」

数字に明るいんだと胸を張っていた旦那さんも、賢い主婦を自認していた奥さまも、これには目が点になっていました。ようやく、自分たちがどんなに無駄なことをしていたか、理解されたようです。

モノを捨てずに部屋を乱雑にしているということは、空間とお金を捨てているということなのです。

**「もったいない」から使わない、捨てられない、は間違い**

みなさん、「もったいない」という意味を勘違いしてるんです。
いろんなお宅を拝見してみると、片づけがうまくいかない方の6割以上を占めているのが、この勘違いです。

自称「賢い主婦」に多いタイプで、安売りの洗剤や食料品を見つけると、迷わずまとめ買い。ブランドの洋服やヴィトンのバッグを買っても、「もったいない」と言って、普段はバーゲンの安い服を着て、景品のバッグを使っています。

「もったいない」が骨身に染みているので、例えば、お歳暮で粉石鹸《せっけん》をもらうと、液体洗剤を使っているのに、「もったいない」ので捨てられません。充分にトイレットペーパーがストックされていても、スーパーに行って安いとついつい買ってしまう。でも収納スペースには限りがあるので、そうしたストック品は、他の部屋にはみ出していきます。

私は、タンスの肥やしにしているほうが「もったいない」と思うんです。持っているなら使いませんか？　で、使わないなら、収納スペースが「もったいない」ので捨てる。

実は私もため込み派で、以前は、収納スペースがボックスティッシュや洗剤であふれていました。勘違いでいろんなものを無駄にしていました。でも、それに気づいたことで変わりました。

自分の時間を「もったいない」と思う人もいます。その考えは間違っていないと思うのですが、「完璧主義者」の人は、それが理由で部屋を汚してしまいます。

こういう方々は、だからこそ段取りよくやろうと計画を立てるんですね。

部屋の寸法も細部まで測って、隙間を見つけると、その寸法の棚で埋めてしまいます。100円ショップに行けば、収納グッズや片づけグッズを大量買い。完璧主義者なので、片づけグッズや棚を思い通りにそろえてからでないと、片づけを始められないのです。

でも、そんな完璧な状態はやってきません。だから、「まあ、とりあえず」と机の上や床にモノを置き始めます。やがてモノは、床を覆い尽くしてしまうのです。

優柔不断で、保留が多くて……。でも、一度取りかかると、大胆で行動も速い。どうです？　心当たり、ありませんか？

**モノが生き返れば、家も光り、会話も増える**

片づけとは、部屋を片づけることではありません。片づけは、自分の性格や、パートナーとの関係性を見直すことです。いくら片づけのテクニックを学んでも、そのテクニックで夫婦の危機は救えませんよね？

実際、ゴミの量と、一緒に暮らす男女の会話量は、反比例しているようです。ゴミが増えれば増えるほど、2人の間には不満だけがたまり、会話は減っていきます。汚くなった部屋に旦那が帰ってこない、という例もよく見かけます。

一見、整理整頓されているようでも、夫婦関係がうまくいっていない家は、モノが死んでいます。

使われていないモノ、動かされないモノが、部屋の中に死屍累々《ししるいるい》と横たわっているんです。うっすらと埃《ほこり》がたまっているせいかもしれませんが、私には、モノが死骸に見えます。モノが空間を奪い、家族の居場所をなくし、みんなをバラバラにしてしまったんです。こういうご家庭を見ると、「誰もこの家に愛情を持っていないんだな」と悲しくなります。

離婚を前提に片づけを依頼する方の家は、だいたいそうです。

その一方で、見た目が乱雑な部屋でも、夫婦間がうまくいっているところは、モノが輝いています。使われているモノが、きっと光を発しているんですね。

そういうご家庭は、ちょっとしたアドバイスだけで、みるみるうちに家が片づいていきます。モノはいっそうかがやきはじめ、家自体が光りはじめるから不思議です。こういうご家族は、要は、片づけ方を知らなかったというだけだったんです。

片づけとは、たったひとりの作業でもありません。

世にたくさん出ている片づけ本を読んで、奥さまがひとりで頑張ったとしても、モノは光りません。「勝手に片づけた」と夫婦喧嘩《げんか》の原因になってしまった例もあります。

片づけって、同じ屋根の下に住む人たちの、共同作業であるべきなんです。

「どうして汚くなってしまったんだろう？」「どうしたら片づくだろう？」と、お互いに本音をぶつけ合いながら、少しずつ進めていく共同の体験なんです。

こうした作業には、ちょっとしたコツがあります。大事なルールもあります。

今から、私が実際に目にしたいろいろなご家庭の話を交えながら、片づけ術をお話ししたいと思います（登場するご家族は、ご許可をいただいた方のみ、プライバシーに配慮した上でご紹介しています）。耳に痛い話もあるかもしれませんし、「自分もそうだ」と赤面してしまう話もあるかもしれません。でも、片づけがきっかけで、パートナーとの間がうまくいったら、そのほうがいいですよね？

これからそのお手伝い——紙上での片づけコンサルティングを始めます。

【第1章】

# となりの芝生は何色ですか?

男と女のすれちがい片づけ術

# 見栄っ張りは、なんでも詰め込む

## 〈詰め込み派〉の口癖は「もったいない」

私も「もったいない」という言葉が好きです。モノを無駄にしたくないし、誤って食材を腐らせてしまって捨てるときなど、罪悪感があります。

ノーベル平和賞受賞者のマータイさんが、日本で「もったいない」という言葉に感銘を受け、「もったいない」キャンペーンを世界で起こしたこともあって、私たち日本人は、「もったいない」という言葉に、誇りを持つようになりました。

それはそれで、いいんです。素敵な言葉です。素敵な行動です。

でも、みなさん、実際のところ、「もったいない」という言葉を間違って使っていませんか？

「もったいない」を理由にして、使わないモノまでため込んでいませんか？「もったいない」からと、いらないモノまでしまい込んでいませんか？

**「私、我慢ばかりしてきました」**

東京は八王子、郊外のこぢんまりした一軒家にお住まいの、ともに還暦を過ぎたあるご夫婦のお宅にお邪魔したときの話です。

奥さんの和子さんは、新潟県の出身で、高校を卒業するとすぐに東京に出てきたそうです。職場で知り合った男性とすぐに結婚。まだ若い2人ですし、上京してきたばかりで、お互いに頼る身寄りもありません。

「ものすごく貧乏で大変だったんです」

と和子さんは言います。

周りは裕福なのに、私たちだけ貧乏で、モノが買えなかったから、羨ましくて仕方がなかった。和子さんはこう続けました。買いたいモノを我慢して、これまでずっとがんばってきたんです、と。

「我慢ばかりしてきました」

これが和子さんの口癖――愚痴でした。

やがて高度経済成長の波に乗り、バブルも経験します。

ご主人の給料も右肩上がりです。利息が利息を呼ぶような生活も経験して、貧乏から一気に、ちょっとしたお金持ちになってしまったんです。郊外に一軒家も買いました。一方で、オイルショックのような、突然、トイレットペーパーがなくなってしまう時代も体験しています。

貧乏生活を体験し、「もったいない」が染みついている方が、お金を持つと、どうなるでしょう?

**「もったいない」から使わない**

和子さんは、2つの行動に出ました。

①手に入るようになった高額商品を買う。

②スーパーのチラシで安売り情報が載ると、大量に買い込む。

私たちのお片づけチームがこのお宅に呼ばれたのは、長年買いためたモノで、家が埋め尽くされてしまったからです。ご主人が定年退職し、第2の人生を歩もうと思ったら、家がモノであふれ、身動きが取れなくなっていたのです。

それでも和子さんは、長年、「賢い主婦」をやってきた方です。お客さんが来れば、サッと部屋を片づけます。でも、モノの量が収納スペースをオーバーしているので、取り繕ってても長く続きません。

いちばんモノが溢れていたのは、クローゼットと押し入れでした。

クローゼットを開けてみて、驚きました。出てくるんです、高級バッグにブランドの服がざくざくと。宝の山でした。

ヴィトンのバッグなんて、何個出てきたでしょうか？　バーバリーのツーピースも、クリーニングのビニールがかけられたまま、クローゼットに吊《つ》ってあります。

でもこの方、いつお会いしても、フリースの上下――。

「このバーバリー、この前に着られたのはいつですか？」

「あら？　いつだったかしら。同窓会のときに着ようと思って買ったんだけど……」

「もしかして、その一回だけですか？」

「だってほら、もったいないじゃない？」

「じゃあ、このヴィトンのバッグは？」

「いつ使ったか、覚えてないわね。主人におねだりして買ってもらったり、自分で買ったり……。うれしかった気持ちは覚えているんだけど、なんか使うのがもったいなくて」

和子さんは、ふた言目には「もったいない」と言います。せっかくいいモノを（しかもたくさん！）お持ちなのに、「もったいない」からと、普段は安い服とカバンで済ませていたそうです。ちょっと穴があいてしまったり、ほつれていても、「もったいない」からと着続けます。

でも本当に「もったいない」のは、こうして使わずに死蔵していることじゃないでしょうか？　タンスの肥やしにしているほうが、もったいないと私は思います。

**空気をしまっていた押し入れ**

1畳ほどの広さのある押し入れは、もっとすごいことになっていました。

かつては、布団で寝起きしていたそうですが、50歳を過ぎてから布団の上げ下ろしもきつくなり、子供たちもそれぞれ独立して部屋が広くなったので、ベッドで寝るようになっていました。

押し入れは上下2段に分かれている、よくあるタイプです。下段には、当時使っていた布団がそのまま押し込まれていました。

「これって、今、お使いなんですか？」

「ほら、お客さんが来たときに使えるから……」

引き出してみます。すでにカビています。

「見てください、ここ、もうカビていますよ」

「えっ！　これ高い羽毛布団だったのよ。もったいない……」

聞くと、10数年前に子供が独立してからは、泊まりに来る客はゼロだとか。でも、「いつか泊まりに来るかもしれないと思うと、捨てられなかった」そうです。そして、カビを目の前にしても、まだこうおっしゃっていました。

「捨てるのはもったいない」

押し入れの上段には、トイレットペーパーとボックスティッシュがこれでもかと押し込まれていました。夫婦2人の生活ですから、ゆうに3か月分はあるでしょう。安売りを見つけると、ついつい買ってしまうそうです。でも2人暮らしですから、なかなか減りません。

「子供たちがいたときの感覚が、そのままなのかもしれない」

「でも、いまはお2人ですよね？　それに、現代ではコンビニでも、トイレットペーパーは買えます。それより、こうしたかさばるものを詰め込んで、押し入れが使えなくなっていることのほうがもったいないですよ」

和子さんは、買ってきたトイレットペーパーを、部屋の隅に、ついつい置いてしまうそうです。で、お客さんが来ると、この押し入れに詰め込みます。だから、大量のトイレットペーパーが、横になったり、縦になったり、斜めになったり、ぎゅうぎゅうに押し込められています。

「見てください、ここ。ぽっかり空いていますよね」

整理整頓して入れていないので、ぎゅうぎゅうに詰めているのに、あちこち、無駄なスペースがある。

「空気まで、しまっていますね」

**「片づけるって、こんなに気持ちのいいものだったのね！」**

実は、ご相談してくる方の6〜7割が、八王子の和子さんのように「もったいない」が口癖の方々です。

「もったいない」からいいモノは使わない。「もったいない」から捨てられない。あれよ、あれよというまに、モノが貯まり、部屋はモノに支配されていきます。

でも、家はキレイにしていたい、来たお客さんには、「あらあ、いいお家ね」と言って欲しいんです。

かわいらしい見栄っ張りです。だから空いているスペースに詰め込んで、体裁を繕ってしまう。でも、「スペース」は有限です。片づけたり、捨てたり、という作業が必要になってきます。

私も、新婚当初は、「もったいない」が口癖の〈詰め込み派〉でした。あの頃のクローゼットの写真が残っているんですが、本当に空気だらけ！　思い出すたびに赤面し、「もったいないこと、していたなあ」と反省します。

そして、おばあちゃんのことを思い出します。

大正生まれのおばあちゃんは、本当の「もったいない」を知っている人でした。

おばあちゃんは、冬が近づくと、セーターを編んでくれました。でも、次の年になると、小さくて着られません。するとおばあちゃんは、「もったいない、もったいない」と言って、毛糸をほどきはじめるんです。その毛糸に新しい毛糸を足して、ひと回り大きいセーターを編んでくれました。新しい毛糸が手元になかったら、セーターをほどいた毛糸玉は、マフラーや手袋に姿を変えました。

私は、毛糸玉をつくる手伝いが好きで、よくとなりに座りながら、作業を見ていました。

八王子の和子さんのクローゼットからも、ずいぶん前に姉がつくってくれたというセーターが出てきました。

「10年前につくってもらったものかなあ。懐かしいわ」

和子さんは、このセーターを着て、近くの市民センターでやっているヨガ教室に行ったそうです。先日、片づけの続きにうかがったら、目をきらきらさせて、報告してくれました。

「聞いて、聞いて。みんなに大評判だったの、あのセーター！『和子さん、ステキじゃない、そのセーター。どこで売っているの？もしかして手編み？』なんて、みんなから言われて」

和子さんは、それから、俄然《がぜん》やる気を出しました。なぜなら、いらないものを整理して、片づけていったら、死蔵していた宝物が出てきたんですから！しかもそれは、この世でたった1枚の、愛情のこもったセーターだったんです。

「片づけるって、こんなに気持ちのいいものだったのね！」

和子さんの中の「もったいない」の言葉の意味が変わりました。

## 男性にもいる〈詰め込み派〉

この仕事を始めた2006年頃は、圧倒的に〈詰め込み派〉は女性が多かったのですが、家事を手伝う男性や、「育メン」が増えたからでしょうか。それとも、モノが世間にあふれているからでしょうか。男性の中にも、〈詰め込み派〉が出はじめています。

「駅前で、安売りしてたから」

なんて、いい夫気取りで（実はそれほど安くもない）ボックスティッシュを買い込んで来てしまう。こういう方々は、男女を問わず、「どこにしまうのか」というゴールが見えていないんですね。

「もったいない」のはモノでもお金でもありません。使わないことが、いちばんもったいない。モノに支配されて、輝きを失った空間が、もったいないのです。

でも大丈夫。そのことに気づいただけで、ちょっとずつ変わり始めます。だって、みなさんは「賢い主婦（主夫）」なんですから！

# 完璧主義者は、しまえない

## 自信過剰に多い〈床置き派〉

自信とこだわり。

現代の社会では、どちらも賞賛されるんでしょうけれど、片づけの世界では違います。

この2つを持っている人って、実は「困った人」たちなのです。

自信はあるんです。で、こういう人たちはたいてい、自信があるからでしょうけど、多くのことを同時に抱えている。当然、忙しい。だから「片づけは後回し」ということになりやすい。そして、やればできると思っています。やるならば完璧にしたい！　こんなふうに強く思ってしまう。

では、部屋が片づいていないとします。自信のある人は、どういう行動に出ると思いますか？

東京・江東区のマンションに住んでいる、30代のDINKS夫婦の例を紹介しましょう。

**気づくと隙間家具が増えていた……**

2LDKのマンションにうかがうと、部屋の隅にいろんなものが積まれているのが目に入りました。聞くと、賃貸だということですが、カラーボックスや本棚などが、まるで測ったように置いてあります。中に詰まっているのは、本や漫画。近づいて本棚をよく見ると、キレイにディスプレイされているのですが、本の量が多すぎて、入りきらなくなっています。その本は、仕方なく床に積まれている。

〈床置き派〉の誕生です。

床が狭くなるので、住んでいる人間の身動きもうまくとれなくなり、ついつい、いろんなものも出しっぱなし。床にさまざまなものが散乱している状態でした。

このカップルの主導権は、旦那さんにありました。ご主人の祐輔さんいわく、

「2人とも本や漫画が好きで、買い込んでくるんだけど、最近、それがうまく並べられなくなって……」

それはそうです。漫画と本の数が、収納力を超えているんですから！

奥さんの亜矢さんいわく、本棚がいっぱいになると、祐輔さんはメジャーで部屋の寸法

を測り出すそうです。そして、ネット検索を駆使して、部屋の隙間に合う寸法の本棚や隙間収納棚を注文してしまう。

届くと、熱心にディスプレイです。時には、今までの本棚に入っていたものを、総取っ替えしたりするそうです。祐輔さんの中には、その時々のルールがあるらしく、それに則って詰め込んでいくんだそうです。

でも詰め終えると、熱が冷めます。それに、ぎちぎちに詰め込んでしまっているので、新しい本が手に入ると、もう入れる場所がありません。そして床に置く。そのうちに、新しい家具が増える。この繰り返しです。

**50冊売っても1000円未満という現実**

「この中で、手放したら、もう2度と手に入らない本って、どれですか？」

こうお聞きしたら、祐輔さんはビックリした顔をしました。そんなこと、考えたこともなかったそうです。

「じゃあ、何度も読み返すのはどれですか？」

漫画も合わせて、500冊ぐらいの中から、「大切な本」と「よく読む本」を選んでもらったら、50冊にも満たない数でした。

「残りの400冊以上はどうします？」

祐輔さんは決めかねています。

「でもほら、同じタイトルの本がたくさんありますよ？」

大学時代に好きだったというニーチェの本ということでしたが、古本を中心に、いろんな出版社から出された思想全集の『ニーチェ』が並んでいます。その他にも、ニーチェの文庫がたくさんありました。

「ナントカ全集の箱に入っている『ニーチェ』がたくさんありますけど、これって、中身が違うんですか？」

「いや、だいたい同じなんですが、訳者が違ったりして……」

「読み比べたりするんですか？」

「…………」

こうしたタイトルの重なった本や、2度と読まない本を中心に、祐輔さんに「手元になくてもいい本」を50冊、選んでもらいました。それを段ボールに詰め、祐輔さんが「よく購入に利用している」というネットの古本屋さんに引き取ってもらいました。

後日うかがうと、祐輔さんが苦笑いしています。

「あの50冊、合計で1000円にもなりませんでした。結構、自分は本の目利きだと思っていたんですけどね、1冊平均20円未満だったとは……」

「ということは、本棚1つ、1000円分の価値しか詰まっていなかったんですね」

1000円の価値のものを詰め込むために、祐輔さんは1万円以上かけて本棚を購入していたということです。

**モノが大事かどうかの判断をしていなかった**

完璧主義者の祐輔さんのスイッチが入りました。

その日の片づけが終わると、祐輔さんは50冊だけを手元に残して、残りの400冊を同じようにネットの古本屋さんに引き取ってもらいました。新刊が多かったこともあって、合計で2万円近くになったそうです。

手元にある本が、50冊程度になったところで、祐輔さんには、本棚を2つに限定してもらいました。詰め込もうと思ったら、1つにまとめられますが、それでは新しく買った本が、またあふれてしまいます。

2つある本棚のうち、1つに大事な本を30冊ほど詰めました。空間に余裕がありますが、これは将来、「大事な本」が増えたときのために取っておきます。

もう1つの本棚には、いちばん手に取りやすいところに、読みかけの本を置くスペースをつくり、2番目に取りやすい場所に、よく読む本を並べました。そのとき、1列には、絶対に本を並べきらないようにしました。

「とりあえず」置いておく本のスペースもあります。半年の期限をつくり、一度も手に取らなかった場合は、売ってもらうことになりました。読み終えた本も、「大事な本」でも「もう1度読みたい本」でもなければ、即、売りに出します。

「本は、自分が生きてきた証《あかし》のような存在でした。だから、捨てるに捨てられなかった。なくなったら、自分が空っぽになっちゃうみたいで。でも、そうやってため込んでいた本が、50冊で1000円にもならなかったからなぁ」

祐輔さんは、片づけ作業をしていくうちに、自分がどんなに優柔不断だったかがわかったと言います。

「そのモノが大事かどうかの判断を、実はしていなかったんですね。決断ができなかったから、本も捨てられなかった。認めたくないけど、優柔不断ってことですよねぇ」

いつでもできる、という自信があるから、作業や決断を後回しにする。やるとなったら完璧にやりたいから、準備に時間がかかる。

自信とこだわりのある人の部屋は、だから汚れやすいのです。

でも、もともと「できる人」たちです。いったん理屈を自分のものとし、スイッチが入ると、猛スピードで片づけていきます。それまでの優柔不断ぶりが嘘《うそ》だったみたいに、ばんばん決断していくのです。

**引っ越しが、突然、あなたを片づけ下手にする**

「部屋のデザイン」にこだわるあまり、〈床置き派〉の仲間入りをしてしまった、結婚5年目のご夫婦がいます。

それまでは郊外の2LDKの広めのマンションに住んでいました。

奥さんのエリさんが、とってもやり手で、ベンチャー企業に勤めていたんですが、規模が小さい会社だったことも幸いして、どんどん出世していきました。中堅企業に勤めている旦那さんの拓真さんは、最初は奥さんより給料がよかったんですが、あっという間に並ばれて、とうとう追い抜かれてしまいました。

お会いしてみると、とっても控えめな旦那さんで、奥さんのエリさんが主導しているのがありありとわかりました。

そもそも、私たちに依頼せざるを得なくなるまで汚くなってしまったのは、エリさん発案の引っ越しが原因でした。

小田急線の鶴川（東京・町田市）に住んでいた2人は、収入が一気に増えたので、より都心に近い場所へ越してくることにしたのです。二子玉川《ふたこたまがわ》（世田谷区）のデザイナーズマンション。もちろん、見つけてきたのはエリさんです。子供も当分つくる予定がないからと（拓真さんはどう思っていたのかわかりませんが）、同じ2LDK。

鶴川にいたときは、共働きだったのにそこそこ片づいていたのですが、引っ越しを機に爆発します。そうなんです。デザイナーズマンションには、収納がなかったんです！

鶴川の2LDKには、各部屋に押し入れがありました。そこにとりあえず放り込んでおけばよかったんです。ジャッジは下さずに、ただ放り込む。共働きなので、そのモノが本当に必要なのかのジャッジをする手間を省いていたんですね。

そして引っ越しのときも、ジャッジをせずに、そのまま運び込みます。押し入れがそっくりそのままなくなったんですから、そりゃあモノがあふれますよね。置き場に困った2

人は、どんどん床に積み重ねていきました。エリさんはカッコいい生活に憧れていて、できれば生活臭のある家具なんて置きたくないから、余計です。

## 忙しさにかまけて「保留」すると痛い目に

結婚（同居）、出産、引っ越し。

こういうちょっとした生活の変化は、〈床置き派〉を増殖させます。スタイルを変化させないといけないのに、忙しさにかまけて「保留」にしてしまいます。で、「とりあえず」床に置く。

二子玉川のデザイナーズマンションにうかがいましたが、コンクリート打ちっ放しの壁は、どこかのデザイン事務所のようです。でも押し入れもクローゼットもない。

「いいですか？　ステキなデザイナーズマンションですけど、ここに住むならば、いる、いらないを判断して、モノをぐっと減らさないといけませんね。そうじゃないと、この部屋は生きてきません。ただのコンクリート張りの部屋になります」

このケースはどうしようもないので、エリさんのポケットマネーで、クローゼットを作り付けました。

最後に揉《も》めたのが、ご主人の拓真さんの処遇です。

収入も奥さんより下。帰宅時間も早い。唯一の趣味は、アイドルの写真集を集めることと、テレビゲーム。

「そんなの、全部捨てちゃえばいいのよ！」

エリさんは声を荒らげますが、そういうわけにもいきません。この家庭では、明らかに旦那さんの居場所がなくなっていました。

「目に入らなければいいですよね？　だったらオシャレな収納をつくってしまいましょう！」

拓真さんの部屋に、扉付きの飾り棚兼書棚を取り付けました。写真集だけでなく、実はアイドルグッズも集めているそうで、これらも扉を付けたことで、外から見えなくなり、カッコ良さは保たれました。リビングのテレビも、造作家具で壁面に隠しました。テレビゲームもこの中にすっぽり。

片づけとしては、成功です。でも、夫婦関係としてみると、微妙なバランスです。お互いのモノの量の差がありすぎる関係は、ちょっと危険なのです。このお話は、もうちょっとあとで。

# 〝優柔不断〟が、家を壊していく

## 生活史が層になり固まっていく〈地層派〉の恐怖

これまで見てきた例は、パートナーのどちらかに主な原因がありました。では、両方が家をモノであふれさせたらどうなるでしょう？

モノは折り重なり、部屋の輝きは失われます。その人の生活史が、そっくりそのまま、地層のように積み重なり、ずっと固定される。そういうこともあります。私はこういう人たちのことを、〈地層派〉と呼んでいるんですが、いわゆるテレビの特集で取り上げられる「汚部屋《おべや》」がこれです。

だからといって、彼らが社会に不適合な人かというと、そうでもないんです。

**油断すると野生にかえる、セレブ部屋**

ある〝勝ち組〟夫婦のお話です。

ご主人のアツシさんは、ウェブ制作を手がけるベンチャー企業の創業者です。もともと、メーカー勤務の理系の技術者だったのですが、機能優先のウェブデザインをしたいと、30歳で独立。10年かけて、「業界にこの人あり」と評されるようになりました。

仕事のつきあいで知り合った奥さんの成実さんは、中小の広告代理店に勤めています。ご主人と同じ年の40歳ですが、すでに部長職。バリバリのキャリアウーマンです。

いわば夫婦そろって勝ち組のセレブな２人。

麻布にあるメゾネット式の賃貸マンションに住んでいて、20畳のＬＤＫの他に、４つの部屋がある豪華なつくりです。

共働きで、しかもどちらも責任ある立場。忙しさも半端ではありません。台所で料理するのは、よくて1週間に1度。たいていは外食です。夫婦そろっての食事は、月に1、２度あるか、ないか。それでも寝起きは一緒にしていますから、会話がないわけじゃありません。

ところが、誰が片づけるかで常に揉《も》めるそうです。

フィフティ・フィフティでやってきた２人です。お茶碗を自分だけが洗うのは我慢なりません。リビングに掃除機だってかけたくありません。どちらも、「汚れたのはむこうのせいだ」と内心思っています（別々にお話を聞いたら、どちらも「悪いのは自分じゃない」と言っていました……）。

どっちも仕事をがんばっているんです。自負もあります。お互いに、相手のペースを乱したくもありませんし、自分のペースを乱されたくもありません。だから「掃除をする」なんてペースを乱すような行動はしなくなります。

どうなるか、もう、わかりますよね？

服は脱いでソファーにかけっぱなし。1度使った食器は、流しに入れっぱなし。部屋があまっているので、6畳のひと部屋が大きな押し入れ代わりになっていて、とりあえず買ったモノはそこに押し込む。手紙や読んだ雑誌、本は床の上。部屋の隅には必ず何かが寄せてあります。

押し入れと化したその部屋に、開けた形跡のない段ボール箱があったので、なにげなく「これ、なんですか？」と聞いたら、ご主人のアツシさんから、「3か月ぐらい前に通販で買った、小物陳列ケースかな？」という答えが返ってきました。入れるべき小物は、というと、各地に散乱しています。他にも開けていない箱がゴロゴロ――。

たとえるのが難しい部屋なのですが、ひと言で言うと、「野生」です。文化的にも、知識的にも、収入的にも、ハイレベルにいるお2人なのに、部屋は野生と化しているんです。定期的に片づけにお邪魔していますが、野性にかえるスピードが速くて、なかなか片づけがはかどりません。

## 成功者は、自分を変えることが難しい

なぜ片づけが進まないのか、ご本人たちに聞きました。

本音のところを聞くと、どうやら汚くても困っていないようです。「お金で解決するなら……」と、私たちのようなところに頼んでいたのです。自分たちを「変える」ことをしないから、いつまでたっても元のまま。時間がたつと野生にかえってしまうのは、そのせいだったんです。

仕事が第一で、家のことは二の次。

そのスタイルで困っていないし、どうしても困ったらお金で解決すればいい。そういう考えです。きっと、それが楽なんですね。

アツシさんと成実さんのように、成功を勝ち取った人は、「自分を変える」ということが、非常に難しい。だって、自分を否定する要素が、仕事上では見当たらないのですから。

部屋に無造作に散らばっているモノの中でも、「仕事関係」のモノを片づけようとすると、アツシさんも成実さんも目の色がちょっと変わります。「勝手に触るな！」という意志が、目から出ているんです。

例えば、アツシさんの場合は、独立した当時に交換した名刺。もう連絡を取っていない相手ですし、きっと連絡先も変わっているでしょう。でもこれは、「成功の証」。だから捨てられません。

成実さんの場合は、自分の手がけたポスターや雑誌広告が、束になって出てきました。これも「成功の証」です。ポスターなんて変色していますが、捨てることはできません。「捨てましょう」と提案すると、自分を否定されるような気持ちになってしまうんですね。二度と目を通さない書類も、名刺の束も、勝ち取ってきた歴史なんです。がんばってきた証なんです。だから捨てることもできず、たまり続けていくのです。

クリスマスにプレゼントしあったという、ベネチアングラスは、ホコリが積もったままでした。愛情の証であったはずのモノも、光を失っています。でも、愛情の証であったという記憶だけは鮮明だから捨てることもできない。モノには執着しますが、だからといって、整理する時間も気力もない。

風水にはまるのも、こういう人たちです。

部屋が片づかないのは、風水的に問題があるんじゃないか、と自分じゃなくて風水のせいにしてしまうんです。玄関に鏡をかざったり、観葉植物を置いたり。グッズに頼るものだから、モノばかり増えていきます。


**「居場所」がなければ、疲れたときに帰る場所がない**

アッシさんと成実さんのように、イケイケのあいだはいいでしょう。

でも、もし、どちらか一方でも、つまずいてしまったら？

疲れ、傷ついたときに、必要なのは、休息する「場所」です。ゆっくりできる、自分の「居場所」です。でも、この2人の家に、それはありません。

「ほんのちょっとだけでいいから、この空間が気持ちよくなるように、スタイルを変えてみませんか？」

と、このお2人には、時間をかけて、ゆっくりと提案しています。

片づけは、生きる技術のひとつです。

アツシさんがダメなのではなく、成実さんが間違っているわけでもないんです。ただお

２人とも、片づけの技術を知らないんですよ。だから、ゆっくりでいいから身につけていきましょう、とアドバイスしました。片づけに魔法はありませんし、風水でも解決できません。ちょっとずつ、自分の生活スタイルを変えていくしかないのです。

お２人がピンチに陥る前に、片づけ術を習得できればいいのですけど……。

**汚し方の違いが発端で、夫婦は冷戦状態に**

アツシさんと成実さんの場合はまだ、夫婦仲が悪くなっていなかったのが幸いでした。中には、「汚し方の違い」で、夫婦の危機に陥るケースがあります。

さいたま市の３ＬＤＫ＋Ｓ（Ｓ＝サービスルーム＝納戸）のマンションに住む51歳の清志さんと、48歳の敦子さんご夫婦。すでに上の男の子は大学生で、下の女の子は高校２年生です。

奥さんの敦子さんが典型的な〈詰め込み派〉。自称「賢い主婦」を25年間続けてきました。一方の清志さんは、メーカーの部長さんで、自称「仕事ができるビジネスマン」。家に仕事を持ち込むことが多く、リビングの小さなテーブルの上には書類の束。その周りの床にも書類の山。典型的な〈床置き派〉です。

〈詰め込み派〉から見ると、〈床置き派〉は我慢なりません。だって、片づいていないのが常態化されているんですから。

だから敦子さんはいつもイライラしています。

「ちょっとは片づけてください。ここはリビングなんだから」

「だから書斎が必要だと言ったんだ」

論点のすり替えです。

子供部屋を確保しないといけないから、書斎なんて作れるはずがありません。

〈床置き派〉から見ると、〈詰め込み派〉の貧乏くささが目につきます。何しろ、捨てないのですから。

「調子が悪いから……」と炊飯ジャーを買い直したはずなのに、古い炊飯ジャーが出てきました。理由を聞くと悪びれもせずに開き直る。

「だってほら、使うときがあるかもしれないから」

3畳の納戸があるのをいいことに、そこになんでもかんでも詰め込んでいたのです。

〈詰め込み派〉も〈床置き派〉も、部屋を汚すということでは同じです。でも、お互いに、汚すスタイルが異なっているから、お互いを理解できないんです。

敦子さんによると、結婚10年目ぐらいまではまだ良かったようです。お互いに、譲り合う部分もありました。「子育ても大変で、家が散らかっていても、気にならなかった」とも言っていました。

でも20年を過ぎ、子育てが一段落すると、部屋の汚さが目につき始めます。

「ちょっとどうにかして！」

と旦那の清志さんを怒ります。清志さんは清志さんで、奥さんの貯め込み癖が我慢ならない。

「お前がどうにかしろ！」

こうなると売り言葉に買い言葉です。夫婦関係は一気に冷戦状態。いえ、もしかしたら子育てが落ち着いたことで、冷戦状態にあったことに気づいたと言ったほうがいいかもしれません。

**片づけは、夫婦の共同作業だった**

夫婦の危機に、部屋はどんどん荒れていきます。お互いに責任をなすりつけ、もう身動きが取れません。〈詰め込み派〉×〈床置き派〉＝〈地層派〉。そんな感じになってしまいました。

そんなときに呼ばれました。

お2人には、過去を徹底的に吐き出してもらいました。汚くなったのは何が原因なのか、話し合ったのです。

「自分の思いを出し切ってください。でも、出すだけです。相手を批判しちゃだめですよ。そしてすっきりしたら、相手の意見も聞こうという受け入れ体制に戻ってください」

原因をさかのぼっていくと、たいてい、思い出話になります。

「あのとき、こんなことがあったよなあ」

こんな会話になっていったら、片づけは成功したようなものです。だって、冷戦状態にあった2人が、思いを共有し始めている、っていうことですから！

敦子さんと清志さんは、「片づけ」をめぐって揉めたことで、かつての「幸せな記憶」を取り戻しました。時間はかかりましたが、このお宅は、すっかりきれいに片づきました。

片づけはやっぱり、夫婦の共同作業なんだなって、私も気づき直しました。

# 亭主関白が、妻を追い詰めていく

〈オレ様派〉から羽ばたいた
京子さんの話

片づけの作業では必ず、取りかかる前にみなさんに次のことをお聞きし、家族で話し合っていただきます。

第2章で詳しくお話ししますが、その内容は、順番に次の4つです。

①それぞれの部屋の〝目的〟はなんですか？
②どこが〝いちばん大切〟ですか？
③どうして〝ひどい状況〟になったのですか？
④〝人生に必要なモノ〟はなんですか？

部屋の目的を明確にし、家族にとっていちばん大切な場所から取りかかります。そして、汚くなった原因を一緒に考え、これからの人生、何を大切にしていくのか、話し合ってもらいます。

この作業では、必ず揉《も》めます。夫婦でののしり合う、なんてことも珍しくありません。

でも実は、ここで本音を吐き出すことができるかどうかが、片づけでは大事なのです。どちらか一方が言いたいことを我慢し、相手に合わせているようだと、その家は、近い将来、また、汚くなってしまいます。本音をぶつけ合わないってことは、相手に納得せずにしぶしぶつき従っているか、すでに心が離れてしまっているか、そのどちらかなんですから！

「思いをぶつけてくださいね。その代わり、相手の意見も聞いてくださいね」

私がみなさんにこうお願いするのは、片づけではお互いのコミュニケーションがもっとも大切だと実感しているからです。

実際、一方通行のコミュニケーションで、結婚して30年以上たつというのに、離婚の危機にあったご夫婦がいました。

**「第二の人生」がゴミで台なし**

藤沢市でパン屋さんを営んでいたご夫婦です。パン職人のご主人、肇さんはこの道50年の大ベテラン。35歳で独立し、40歳で、店舗兼住宅の3階建ての自宅を建てました。

パン屋の看板娘は奥さんの京子さん。経理から接客まで一手に引き受け、その笑顔は、多くのリピーターを獲得しました。夫婦2人で力を合わせて、パン屋を大きくしてきました。

ところが、肇さん、還暦を過ぎてホッとしたのでしょうか。体に疲れがたまるようになり、1年前、思い切って息子の憲一さんにお店を任せました。憲一さんは、将来、お店を継ぐために、他店に修業に出ていました。

奥さんの京子さんも、立ちっぱなしの仕事が、体に負担をかけたのでしょうか。騙《だま》し騙しやっていたそうですが、腰が悲鳴を上げていました。ご主人のすすめもあって、一緒に引退しました。

「第二の人生、夫婦水入らずでゆっくりできたら……」

京子さんはそう考えていたそうです。パン屋は、息子さん夫婦が近くのマンションから通ってきて、2人に代わって切り盛りするようになりました。

ところが、2人して引退してみると、家事のアラが目立つようになりました。

京子さんはもともと、料理も掃除も得意ではありません。これまでは、パン屋の仕事がありましたから、家が片づいていなくても、言い訳になりました。それどころじゃない忙しさでもありました。忙しさを理由に、夫婦の会話も、気づくとなくなっていました。もちろん、仕事の話はします。2人は、パン屋を切り盛りしてきたパートナーです。でもそれは、仕事仲間の会話であって、夫婦の会話ではなかったのです。

**旦那のライカだらけの夫婦の寝室**

ご主人の肇さんからの依頼でした。

「実は、娘が出産準備のために、家に帰ってくることになったんだけど、家がひどくて、迎えることもできない。捨てようにもモノがありすぎて……。自分は捨てられるんだけど、妻はまったくそういうのがダメで」

このご夫婦にはもうひとり、年頃の娘さんがいました。2年前に結婚し、最近、妊娠。2人にとっての初孫です。「実家で産みたい」というのは願ってもない申し出でしたが、娘のいる場所がない。それぐらい、家が荒れていたんです。

2階が、リビングとキッチンでした。

自営業だからかもしれませんが、ダイレクトメールが非常に多いんですね。ダイニングテーブルがこうした手紙で埋まっている。

手紙だけではありません。テーブルの上には、ジャムの瓶や漬け物の皿、ミカンを入れた器や湯飲みが、そのまま載っていました。雑然としていて、いったい何をする場所なのか、パッと見ではわからないくらいです。

この年代の夫婦はたいていそうですが、ご主人のほうが炊事が得意だったとしても、奥さんが担当します。でも、京子さんは大の苦手。洗い物も苦手だったようで、シンクにはヌメリがこびりついて、ところどころカビていました。フライパンや鍋の焦げ付きもそのままです。

3階は夫婦の寝室でしたが、いろんなものが床に置かれています。見ると、現像した写真の束。お聞きすると、肇さんは写真が趣味なんだそうです。

クローゼットを開けると、出てきました！　ライカのカメラや、ニコンの一眼レフ。5〜6台あったでしょうか。3階は、ご主人の肇さんのモノであふれていました。

「奥さんの京子さんのモノが少ないな」

私はそんな印象を受けました。もしかしたら京子さんにとってこの寝室は、ただ寝るためだけの場所かもしれない。奥さんの持ち物が極端に少ない家庭は、亭主関白で、奥さんが我慢しているという家が多いんです。京子さんもじっと我慢しているのでしょうか？

**捨てた「思い出」を、また拾いにいく**

予感は当たりました。

リビングから作業を始めたのですが、肇さんはとにかく、モノを捨てる。京子さんのモノであろうがお構いなしです。「これどうする？」と聞くこともしません。

「それ捨てないで！」

そのたびに、京子さんは声を張り上げます。これまでずっと我慢していたのでしょう。それは悲痛な叫びでした。

京子さんは、家事が苦手なことを後ろめたく思っていました。そこに、夫が勝手に片づけ業者を呼んでしまった。京子さんにとって片づけ作業は、自分を否定されているような気持ちにさせてしまったんです。

目の前にあるモノが必要かどうか、判断しようとするたびに、夫婦喧嘩が始まります。とにかく、京子さんは何も捨てたくない。干渉されたくないんです。

でも、力関係で言うと、ご主人のほうが強い。なにせ肇さんは、自分の力でパン屋を大きくした自負もある、筋金入りの〈オレ様派〉でしたから。

だから最終的には肇さんが押し切ってモノを捨ててしまう。最初のうちは、私も「それはそれで仕方ないかな」と思っていました。肇さんのほうがジャッジが速かったですし、理屈も通っていた。

ところが、次にこのお宅を訪れると、最初からムードが険悪なんです。おずおずとうかがうと、肇さんは怒った声で言います。

「こいつが、捨てたゴミを拾ってきたんだ！」

京子さんは、まくしたてる肇さんのとなりでうなだれています。

それは薄汚れた巾着袋でした。

京子さんは他にも小物入れをお持ちでしたし、そのときは捨てることにも同意しました。ところが、よくよく話を聞いてみると、「親友がつくってくれた思い出の品」だと言うんですね。しかもその親友はすでにガンで亡くなっていて、実は唯一の形見なんです、と。私にとって数少ない親友のひとりで、ここには思い出が詰まっている。そう言うと京子さんは泣き始めました。

「奥さん、思い出は大切ですよね？　それじゃあ、思い出ボックスをつくりましょうよ。この中に、思い出を詰め込んでおくんです。大切にしまっておきましょうよ」

「**ここに、自分の場所をつくりましょうよ**」

ひとたび落ち着いた京子さんでしたが、それでも片づけに対する違和感が拭えないようでした。

「ここに、京子さんの場所をつくりましょうよ」

何気なしのひと言が、京子さんの「スイッチ」になりました。

腰の悪い京子さんがいつも腰かけているソファーの脇に、ちょっとしたカウンターがありました。小物入れも兼ねていて、上にポットが置けるようになっている。ダイレクトメールが無造作に突っ込まれていて、いまは悲惨な状態でしたが、キレイにしたら、ここにミカンの器や湯飲みを置くことができる。なかなかステキなスポットになります。

ここを整理したら、奥さんの場所がつくれるな、と思ったんです。この家には、京子さんの場所が少なすぎました。

「私の場所ができるの？」

私の提案に、京子さんの目がかがやいてきました。ここを整理したら、お茶を入れたりするのが楽になることを説明し、実際に体験してもらいました。

それからです。京子さんのやる気が目に見えて変わりました。

いままで、家庭内での京子さんの立場は、ご主人の肇さんの言う通りにするだけの、つまらないものでした。それでも、パン屋に出れば、お客さんとのふれ合いがあります。自分自身を確認できる場所がありました。

ところが引退した途端、自分が輝ける場所がなくなってしまった。家は「オレ様」の旦那に支配されていて、自分の居場所はありません。自分の場所という実感がないから、キレイにする気持ちも起こらない。そういうことだったんです。

モノもそうでした。

家にあるのは、ライカのカメラなど、ご主人の肇さんの趣味のものばかり。完璧主義者で、なんでも自分でやりたい肇さんは、奥さんに相談することなく、家具や調度品もそろえてしまうそうです。京子さんの愛着のあるモノが極端に少なかったんです。だから、ガラクタのようなものでも、もう使わないようなモノでも、「自分のモノ」は捨てたくなかった。

**支配から自由になった京子さんに、笑顔がもどった**

自分の場所ができてからの京子さんは変わりました。

かつての趣味——毛糸の人形作りをするようになりました。「やりたいこと」も思い出したのです。

なんでも支配したい、〈オレ様派〉の肇さんには、自分で決定できる「エンディングノート」という課題をあげました。「エンディングノート」とは、口座や保険などの資産の情報や、友人・親戚などの連絡先など、残された家族のために記す「覚え書き」です。

奥さんや子供のための生命保険に個別に入るなど、肇さんは将来に対して計画的でしたが、その契約書もばらけていました。ですので、生命保険や預金などのリストを、まとめてもらうようにしました。カメラの形見分けなどのリストも一緒に、です。今後の人生の計画をするように仕向けたんです。

楽しみながら、形見分けを考えるうちに、肇さんも、自分のモノが多すぎたことに気づいたそうです。使っていなかったカメラを整理し始めました。いまでは、京子さんのつくった人形を、撮影してあげたりしています。

それまでの仕事だけの会話が、ようやく、夫婦の会話に変化したんですね。お２人のそれまでに見られなかった笑顔を目の当たりにして、この仕事をやっていてよかったと本当に思いました。

# お嬢様は、片づけが下手

## 〈実家派〉の箱入り娘は家事スキルを過信している

自分の片づけ、下手だと思いますか？

こうたずねると、みなさん、小首をかしげます。上手だとは思っていないけれど、下手だとも意識していない。そんなところじゃないでしょうか。

私もそうでしたが、実家で暮らしていると、自分の片づけの実力はわかりません。自分でやっているつもりでも、どこかで両親に頼ってしまう。

独り暮らしをしても、ワンルームではなかなか気づきません。そもそもスペースがありませんから、洋服をカーテンレールに吊るすのは「仕方ない」となりますし、床に雑誌を重ねておくのも、「本棚がないから仕方ない」と言い訳できます。いざ、片づければ、ワンルームだから意外と早く片づいてしまいます。

自分と向き合わないまま、結婚、出産と、人生のイベントを次々経験し、とうとう家がおかしくなってしまった方に、私はお会いしたことがあります。

**ゴミの中に埋まっていたL字型ソファー**

依頼主は長野出身の28歳。麻衣さんという小柄なかわいらしい奥さんです。ご主人の直樹さんは、2つ年上の30歳。理系の研究職ということでした。お子さんは、小学1年生の男の子と、幼稚園の年中組の女の子の2人。4人家族です。

「改札を出て左を見ると、とても目立つ白いマンションがあるんで、すぐわかります」

電話の通り、ひときわ目をひく白壁の瀟洒《しょうしゃ》なマンションでした。

玄関の扉は、押して開けるタイプなんですが、全開しない。どうやら壊れているんですね。で、半開きの扉の向こうで、麻衣さんが下を向いたまま、謝っているんです。

「すみません、すみません。本当にすみません……」

麻衣さんは私たちに目をあわそうともしません。

半身になって壊れた扉の隙間を通り抜けると、目の前にまっすぐ廊下があります。廊下の突き当たりがリビングで、廊下の両側に部屋がある、というよくあるつくりです。

廊下からすでに、破綻していました。

廊下の両側には、腰高までモノが積み重ねられ、カニ歩きでないと中に入れません。廊下の左奥にはキッチンがあるのですが、ここはすでに機能していませんでした。実は、最初、キッチンだと気づかなかったんです。部屋の隅に冷蔵庫の頭の部分だけが覗《のぞ》いていて、それでようやく、ここがキッチンだったとわかったのです。

キッチンの中は、なぜか何十個もの段ボール箱が、無造作に積み上げられています。

「テレビのお片づけ特集を見ていたら、『お片づけには、段ボール箱があると便利ですよ』って言っていたので、だから、ためていたんですけど……」

今にも消え入りそうな声です。

その段ボール箱のせいもあって、キッチンは人が自由に移動することもできません。コンロまで行けないのです。シンクには食べ残しの皿が重ねてあって、すでに異臭を放っていました。

突き当たりの扉を開けると、リビングです。

開けた途端に、さすがの私も一瞬、固まりました。

扉のところから奥に向かって、山ができていました。奥のゴミの山が雪崩を打って、扉に押し寄せている、と言ったらいいでしょうか。このあと、何日もかけてリビングのゴミを掘り返しましたが、出てきたのは立派なL字形のソファーでした。初日は、ソファーすら、ゴミで見えませんでした。

**「最近、主人が帰ってこないんです……」**

依頼してきた理由は、「長男のお誕生会を家で開いてあげたい」というかわいらしいものでした。お子さんが、小学校の友だちの誕生会に何度も呼ばれているらしいんですね。だから自分の家でもやってあげたい、と。リミットは1か月でした。

まず、通り道の確保です。廊下から手をつけました。すると、作業中に小学1年の男の子が帰ってきて、開口一番にこう言うんです。

「すごい！　廊下がある！　ママ、ありがとう!!」

ほんのちょっと、片づけて通り道を作っただけなのです。それなのに、こんなに子供が喜ぶなんて、ちょっとした驚きでした。

次にリビングをきれいにしていくと、ゴミの地層の中から、いろいろなモノが出てきました。子供の教材――麻衣さんは子供の教育に熱心な人でした。布製の衣装ケース――冬物と夏物が混在したまま、やみくもに押し込められていました。雑誌に新聞、チラシ。空の弁当箱まで出てきました。出てきたのはそれだけではありません。得体の知れない虫まで、わいていました！

リビングのソファーが現れると、また上の子がやってきました。手に紙皿と紙コップを持って。

紙皿には山盛りのお菓子。紙コップにはペットボトルから注いだお茶（冷蔵庫が機能していないので、冷えていません）。子供にとっては目に見えてキレイになっていくのがうれしくて、精一杯の感謝の気持ちを表したかったようです。

4回ほど通うと、麻衣さんの顔色がよくなってきました。そして、やっと目を合わせてお話ししてくれるようになったんです！

一緒に衣装の整理をしていたら、淡いピンク色のワンピースが出てきました。それを見て、麻衣さんがぽつり。

「これ、誕生日に主人からもらった服なんです」

これまで、実は麻衣さんの口から、ご主人のお話は一切出てきませんでした。私も無理に聞きません。ようやく4回目になって、ぽつぽつとご主人の話を始めました。

ご主人の直樹さんの会社の工場が長野県にあって、そこに直樹さんが勤務していた時に、知り合ったそうです。麻衣さんは地元の短大を出たてで、21歳になったばかり。それまで実家で暮らしていました。昔から片づけは苦手だったそうですが、それで困ったこともなかったとのことでした。

「最近、主人が帰ってこないんです……」

ゴミで覆われた2LDKに、ご主人のいる空間はありません。かろうじて、睡眠スペース——家族4人分の万年床の布団が確保されているだけです。季節は冬だったのですが、クリーニングに出した夏物のスーツやワイシャツが、ゴミの上にそっと置いてありました。

「部屋がキレイになったら、旦那さんもきっと喜びますよ」

麻衣さんをそう励まして、作業を続けました。

**肉親の死が、トリガーだった**

汚れたのには、必ず原因があります。

ただ片づけただけでは、解決にはなりません。ご本人にとっては、つらい作業になってしまう場合もありますが、原因を突き止めなければ、先に進めません。

話を深くうかがっていくと、麻衣さんがこうなってしまった原因は、実のお母さんの死にありました。

長野の実家に住んでいたときは、当然、お母さんが掃除や片づけをしていました。麻衣さんが、そうしたことを意識したことはありません。そして短大を出て、独り暮らしもしないまま、結婚しました。炊事に洗濯に掃除。すべて、たったひとりでやるのは初めての経験です。

娘を心配したお母さんは、週1回のペースで長野から上京して、家事のフォローをしてくれていたそうです。ところが、最初の子供が生まれて、1年も経たないうちに、お母さんが病気で亡くなってしまいます。家事だけでも精一杯で、お母さんのフォローに甘えていた麻衣さんにとって、これは痛手でした。しかも育児まで加わっていたのですから。

ご主人の直樹さんは、「専業主婦なんだから、家のことはお前がやれ」というスタンスでした。同世代の他のビジネスマンより、稼いでいたという自負もありました。高級マンションもローンで購入しました。何不自由ない生活をさせている。そう思っているから、家のことも子供のことも妻任せです。

最大の後見人だった母を亡くし、家は加速度的に荒れていきます。それでも、今度は旦那さんのお母さんが心配し、子育てなど見てくれることも多かったようです。ところが、

2人目の子供が生まれた途端、今度は、義理の母を亡くしてしまいます。もう、麻衣さんのことを心配して、手伝ってくれる女手はありません。これが5年前のこと。そこからはもう、坂道を転がるだけです。

直樹さんは相変わらず、無関心でした。ストレスが理由だと考え、とった行動は、クレジットカードを与えることでした。

「なんでも好きなモノ、買っていいから」

麻衣さんは買い物依存症になりました。毎日のようにネットで買い物をし、それが部屋に積まれました（実際、クローゼットらしきスペースの跡からは、一度も着ていない洋服が大量に出てきました）。モノが増えるのと反比例するように、ご主人との会話は減っていきました。

**「私、ずっと甘えて生きていたんですね」**

今回、実は最初に片づけの申し込みをされたのは、麻衣さんのお父さんです。このままでは、どうにもならないと考え、第三者の手を入れることを、娘さんに提案したのでした。

片づけの作業を通じて、麻衣さんも徐々に、ご自身のことを省みるようになりました。

「私、これまでずっと優等生だったんです。親からも先生からも、いつも褒められていました。だから、自分はだいたいのことはできるんだと、どこかで信じていました。家事だって、やったことがないだけで、簡単だと思っていました。でも、違ったんですね。私、ずっと甘えて生きていたんですね。母に頼っていたんですね……」

優等生というプライドも、麻衣さんにはマイナスに働いたようです。家事も、育児も、子供の教育も、何もかもすべて抱え込んだんです。ご主人の直樹さんに相談することもありませんでした（相談しかけても、相手にされなかったようですが……）。そして、全部が回らなくなってしまったんです。

実家に住み続けることで、自分の家事の実力を過信する――私が、〈実家派〉と呼ぶ人たちに多く見られるケースです。いざ、自分が家事をする段になって、思い込みと実力のギャップに、家が破綻してしまう。

麻衣さんの場合は、両方の母親にずっとフォローしてもらっていたので、自分の本当の実力に、気づくのが人より遅くなってしまったんです。だから、極端なところまでいってしまった。

このお宅には、すでに1年半、定期的に通い続けています。5年以上かけて堆積したゴミですから、完全にキレイになるにはもうちょっと時間がかかります。

麻衣さんに聞くと、相変わらずご主人は、外泊が多いそうです。けれども、浮気をしているような、そんな雰囲気ではなく、仕事が忙しいので、会社の近くに泊まってしまうことが多いんだそうです。常に会社には、クリーニングしたシャツとネクタイを用意しているそうですから、「自分の身の回りのことは、自分のお金で解決する」というスタイルを崩していないそうです。

このご家庭が、今後、どうなっていくのか、私も見守っています。

麻衣さんは、自分を変えようと、一歩を踏み出しました。お子さんたちもそんなお母さんを応援しています。あとは、そのことにご主人の直樹さんが気づいてくれるかどうか。

家がキレイになったからと、直樹さんの帰宅回数が増えて、同時にコミュニケーションが密になっていってくれるといいのですが……。

# オンナ天下は、男を家に寄りつかせない

## 〈女性主導派〉破綻回避の分岐点

今までいろんなケースを見てきましたが、他人の家庭のことばかり持ち出すのは、ズルいですよね。

お恥ずかしい話ですが、私も「片づけられない女」のひとりでした。

しかも、それが原因で、離婚もしました。

私の場合は、女版の〈オレ様派〉でした。言い換えると、〈女性主導派〉です。家のことはなんでもかんでも、主人に相談せずに決めていました。

結婚して2年目のこと、自分の父が、「2世帯住居に建て替える！」と言い出しました。1階は両親の住まい。2階は私たち新婚夫婦の新居。あとあと面倒になるといけないので、ローンも所有権も、両親と別々です。

父の提案に乗っかったとはいえ、初めての家づくりです。はりきりましたね。建築会社

の選定は私が主導し、2階の間取りは、私がほぼ独断で決めました（その時の経験が、いま、ある住宅メーカーなどと一緒に取り組んでいる『片づけしやすい間取りの家』づくりに役立っています）。

新居は見た目を重視しているので、極端に収納スペースがありません。寝室に、クローゼットがひとつあるだけ。壁紙の色も、キッチンも、浴室や便器の色も、すべて私が独断で決めました。思い返しても、主人に相談したという記憶がないんです。

「私の言うことを黙って聞いてくれる、やさしい夫」

というぐらいに考えていました。

家が完成して、2DKのアパートから引っ越したのですが、そのときすでに、アパートは飽和状態でした。両親から贈られた婚礼ダンスが3つに、4人掛けのソファーに、ダブルベッド、ダイニングテーブル……。よくこれだけのモノが、狭いアパートに入っていたものだと感心します。

それを整理せずに越してきましたから、せっかくの新居もすぐにグチャグチャになりました。将来の子供部屋は、ガラクタに浸食され、唯一のクローゼットには、押し込めるだけモノを押し込みました。

引っ越してから1年後に長女が生まれ、さらにその3年後に長男が生まれ、ますますモノは増えていきました。使えるモノならいいんです。「いつか」使おうと考えているモノが、ひたすら増えていったんです。

**家はガラクタであふれ、夫は居る場所をなくす**

でも実は、あふれていたモノは、すべて、私と子供たちのモノでした。

離婚してから気づいたのですが、主人のモノはほとんどありませんでした。寝室に、6段の和ダンスを置いていたのですが、下の2段だけが主人ので、あとは私。それ以外に、主人のスペースはなかったんです。

部屋は、LDKと3つの部屋。ひとつは寝室で、2つは子供部屋でした。

下の子が生まれてからは、上の子は独立し、子供部屋に入りました。下の子は、私と一緒に寝るようになり、主人は空いていた子供部屋に押し込まれました。ガラクタと一緒に、です。

私が片づけ下手で、しかも大の面倒くさがりだったので、いろいろなことは放置したままでした。主人のことなんか、気にもかけません。心配することもありません。

でも今ならわかります。

この家で、主人のいる場所は、どこにもなかったのです。

私の両親の住む1階は、私や子供にとっては憩いの場所になっても、主人の逃げ場にはなりません。主人の部屋もありません。主人のモノを置く場所もほとんどありません(だってタンス2段だけですから!)。記憶をたどると、家にいるときは、ソファーの隅に座っていました。

結局、向こうがいろいろな後ろめたいことをやらかしてしまい、離婚することになりました。そのときは、「なんてひどい男なんだ!」と憤っていましたが、今はこう考えています。私は、ゴミやガラクタで家をあふれさせ、主人のくつろげるスペースをなくしてしまったんだ、と。主人を追い出してしまったんだ、と。

離婚から2年後のことです。

下の子が小学校に上がるのを機に、ガラクタ部屋と化したままの部屋を、どうにかしなくちゃいけないと思い立ちました。ちょうどその頃、いま私が働いている「インブルーム」に整理収納アドバイザーの資格を持った方が、派遣の登録に来られたんです。この資格を生かした仕事をしたいという希望でした。そこで、わが家の片づけをモニターで依頼したんです。

出ましたよ、大量のゴミが（笑）。なんと2トン車1台分の量でした。

トラックを見送りながら、実は後ろ髪を引かれる思いでした。

「まだ使えるモノがあったのになあ」

でも、キレイに片づいた家で生活するうちに、自分の生活習慣が変化していきました。

「片づいていると生活しやすい」という実感を、生まれて初めて持ったんです。

整理してある家で生活しているうちに、いろいろなモヤモヤもスッキリし始めました。

それまでどこかで離婚のわだかまりがあったんです。いろいろな悩みもありました。でも、ゴミを捨てることで、そういうモヤモヤもすっぱり捨てることができたんです。さっぱりとすがすがしくなった自分がいました。

ああ、この気持ちを他の人にも伝えたい。

私が、「片づけ」を仕事にしようと思った瞬間です。

## 女2：男1の黄金比

今までお仕事で、たくさんのお宅にお邪魔していますが、年々、かつての私のような

〈女性主導派〉が増えているという実感があります。

見分け方は簡単です。

ご主人の持っているモノの量を見るんです。

もし、ご主人のモノが極端に少なかったら……この家庭は間違いなく、〈女性主導派〉の奥さんが支配しています。もしかしたら、ここの旦那さんは家に居場所をなくしているのかもしれないな、とちょっと心配になります。

モノの量の最適なバランスは、女性2に対し、男性1です。私は勝手に「女2：男1の黄金比」と呼んでいるのですが、これがうまくいっている家庭は、実際、夫婦仲がいい場合が多いのです。

逆に、男性のモノが半分以上を占めている場合は、そこのご主人はたいがい、〈オレ様派〉です。奥さんは、どこかで我慢して付き従っている。男性が定年退職したあとの、熟年離婚にいたるケースが多いのは、こういうご家庭です。

〈女性主導派〉の場合は、家の中に、奥さんが君臨しているわけですから、奥さんから見ると、非常にうまくいっているように思えます。私もそう思っていました。でも、度が過ぎてしまうと（つまり、男性のモノが、3分の1以下になってしまうと）、男性はきっと、そこを自分の居場所だと感じなくなるのだと思います。

プラモデルにはまっていたり、食玩を集めてみたり、漫画ばかり買い込んでみたり……女性から見ると「？」な趣味を持っている男性って、多いですよね？　同じ屋根の下に暮らしてみると初めてわかるのですが、そうした趣味は、女性がトータルコーディネートした部屋には、まったく合いません。

そういうガラクタを見ると、自分のことは棚上げして、怒りたくなります。

「そういうものは捨てて！　部屋の雰囲気にも合わないでしょ！」

気持ちはよくわかります。

私はそういう女性たちに、こうアドバイスしています。

「ご主人のスペースをつくってあげましょうよ。そんなスペースがない？　だから家を片づけて、その場所をつくってあげるんです。きっと、ご主人の機嫌もよくなって、家の空気がよくなりますよ」

**夫のモノだけが、家になかった**

私の前夫は、アマチュア無線が趣味でした。

居場所をなくした夫は、私以外の誰かと、無性に喋《しゃべ》りたかったのでしょうか？　よく「ちょっとドライブに行ってくる」と言っては、アマチュア無線機を手に外出していました（乗っていった４ＷＤも、私が選んだ車でした）。家で、いたたまれなかったのかもしれません。

離婚後、リビングを片づけていたら、あるモノが目に入りました。いつも夫が座っていたソファーの横に籐《とう》のかごがあり、その中にアマチュア無線のハンディ機がポツンと置いてあったのです。

思い返すと、一緒に暮らしていたときから、家のリビングに、夫のモノはありませんでした。モノは片づけられないほど、たくさんあったんです。でも、夫のモノだけがなかった。

置き去りにされたアマチュア無線のレシーバーを見ながら、「残していったのは、最後の自己主張だったのかもしれないな」と思いました。

# 「お金がいちばん」主義が、家族をむしばむ

## 家族不在の〈拝金派〉

雑誌の特集でも「副業」という文字がよく目につきます。もちろん、副業でうまくいっている方はいいんです。でも「お片づけコンシェルジュ」の私からすると、「副業をするなら、モノの整理に気を遣ってほしいな」と思います。たいていの副業には大量の「モノ」がつきものだからです。

そのお宅のご主人、誠さんが始めたのは、いわゆるネットワークビジネスでした。

このご一家は、誠さん（40歳）、陽子さん（41歳）、そして小学5年生と2年生の男の子の4人家族。

「それまでは家の中に、笑いがあふれていました」

陽子さんはこう話してくれました。

東京・武蔵小金井市の82㎡の3LDKのマンションでした。個室は子供部屋と夫婦の寝

室。そして広いリビング。マンションの周りも静かで、小学校も近く、子育てには最適の環境です。

ところが、この家のリビング、床が見えないんです。モノが積まれた四隅は、均等にうずたかくなっているんですが、その山から部屋の真ん中のテーブルに向けてなだらかなスロープになっています。洗濯物は、洗っても畳まずに1か所に積み上げてあって、ひとりひとりが、そこから自分の下着や服を探して着ていると言っていました。もう、陽子さんの気持ちが切れているんです。

ここまで汚れてしまった理由は、ご主人の誠さんのネットワークビジネスでした。

誠さんは地元の武蔵小金井で、塾を経営していました。中央線沿線に3つあり、地元のお母さんたちからも一定の評価を得ていました。ところが少子化と不況、大手の塾の参入で、徐々に生徒数が減ってきました。講師の質を保つためには、ある程度資金が必要ですが、これ以上、塾の数を増やすわけにもいきませんし、さりとて生徒数を増やす秘策はありません。

誠さんが飛びついたのは、副業でした。

そのネットワークビジネスは「健康」をキーワードにしていました。天然素材でつくったサプリメントに、体にいい水。石油化学製品が体によくないということで、木のボウルや木の皿も扱っていました。

ネットワークビジネスの多くは、まず、商品を購入させます。8掛けで買い、定価で売るので、2割の儲《もう》けになるというわけです。購入数が増えると、最終的には4掛けで買えるそうです。

誠さんは、優先順位のトップに、「お金」を持ってきてしまったんです。決して「家族」ではなく。家族不在の〈拝金派〉の行き着く先は、明るくはありません。

**「なんのために自分はがんばっているのか、わからない」**

あるときから陽子さんの家に、大きな段ボール箱が大量に届くようになりました。やけに目立つ段ボール箱は、まず、寝室に運び込まれました。布団を敷くスペースだけ残して、段ボール箱が山と積まれました。

儲けを出そうと、誠さんは、手元の商品が売れてもいないのに、次々と購入したそうです。段ボール箱は子供部屋にも押し込まれ、やがてそれはリビングにも浸食してきました。

「お前の友だちにも売れ、って言うんです。口答えすると、『誰のために金を稼いでると思ってるんだ！』と怒鳴られました」

陽子さんも最初のうちは必死に売ったそうです。両親、親戚、友だち……。思いつくところ、すべて売って歩きました。でも、決して安価な商品じゃありません。快く買ってくれませんし、このことで友だちとの仲は険悪になりました。実家とも疎遠になってしまったそうです。

陽子さんはそのうち、箱と同じ色を見るだけで、気持ち悪くなってしまったそうです。段ボールを思い出してしまうからです。

その色を覆い隠そうとしたのか、家も目に見えて散らかってきました。片づける、というモチベーションが湧いて来ません。

「何のために自分はがんばっているのか、わからなくなりました」

陽子さんは泣きながら話してくれました。

「自分と息子たちのモノを整理して、離婚しようと思っています」

私たちが呼ばれたのは、離婚前提の片づけだったんです。

陽子さんの気持ちは、ほとんど切れていました。夫との関係を続けるのも無理。部屋を片づけるのも無理。人生、続けていくことが無理、というところまで来ていました。

というわけで、旦那さんには内緒の作業でした。普通のサラリーマンじゃないから、お昼に帰ってくることがあります。私たちは制服ではなく普段着でお邪魔して、友だちを装ったりしていました。

1日3時間作業して、ようやく20㎝四方の床が見えてくる。そんな状況でした。でも次に行くと、それが埋まってしまっている。それを半年ぐらい繰り返しました。20㎝四方がやがて30㎝四方になり、1m四方になり……。半年後には、床が半分以上、見えてきたんです。部屋の隅には相変わらずモノが積まれていましたが、家族4人が床に座るスペースができました。

「**悪かったな、オレも変わらなきゃな**」

ご主人の誠さんのほうはどこまで気づいていたかわかりません。でも、「主人のモノはゴミでも捨てられない」と奥さんが言うので、途中で、誠さんには、子供部屋に移ってもらいました。そこで寝起きしてもらい、誠さんのモノは、その部屋に入れるようにしました。子供たち2人は、寝室に移ってもらい、空いたもうひとつの子供部屋に、ネットワークビジネスの商品を押し込んだのです。

でも、そのままでは入りません。段ボール箱の中には、商品だけでなく、大げさな梱包《こんぽう》材《ざい》や空気まで、大量に詰まっていました。それをすべて出して、栄養食品なら栄養食品、ボウルならボウル、ペットボトルならペットボトル、というように品目ごとにまとめて並べました。

作業はちょっとずつですが、前に進んでいきました。それでもずっと、陽子さんは不安定でした。あるとき、約束の時間にうかがって、チャイムを鳴らしたんですが出てこない。ドアノブを回すと、カギは開いている。「失礼します」と言って中に入ると、陽子さんが玄関先に座り込んで、泣き崩れていることもありました。

「主人と喧嘩をしちゃって……」

片づけは、依頼主との共同作業です。これでは無理だと思い、そのまま帰ったこともありました。

１年半、通いました。陽子さんはその間ずっと、「離婚したい」と言い続けていました。片づけが終われば離婚できる。これが陽子さんの唯一のモチベーションでした。

ところが、１年半を過ぎたあたりから、様子が変わってきました。陽子さんが明るくなってきたんです。見ると、あの大量にあったネットワークビジネス商品が、少し減っています。

「他の部屋がちょっとずつ、キレイになっていくのを見て、自分のいる子供部屋だけ、汚いままだと気づいたみたいなんです」

買ってしまった商品は、もう返却期限が過ぎているから返せないけど、もう新しい商品を買うのはやめる。タダで人にあげるのもしゃくにさわるから、ちょっとずつ、フリーマーケットで売ってみるよ。

誠さんはそう言うと、フリマに売りにいくようになったそうです。奥さんの片づけに影響された誠さんが、ちょっとだけ、自分を変えようとしたんですね。

「それが、嬉しかったんです。あんなに頭ごなしに怒鳴ってばかりいた主人が、『悪かったな、オレも変わらなきゃな』って」

**「幸せって、モノじゃないんですね」**

変化は劇的でした。

誠さんのちょっとした変化に――私たちから見たら、ほんの少しで、しかもまだまだ危うい変化でしたが、陽子さんはそこに、希望を見出しました。なくしかけていた人生のモチベーションが、復活したんです。

「幸せって、モノじゃないんですね。お金でもないんですね」

こうも言っていました。

「床が見えてきて、目の前が開けてきたんです」

部屋が片づき、家族の居場所ができると、夫婦で会話をする機会ができたそうです。会話がほとんどゼロだった状態から、毎日、何かしらの話をするようになりました。

子供たちも、学校であったことをお父さんに話すようになりました。自然と笑いも生まれます。

「この間しみじみと、どのくらいぶりに笑ったんだろうって思いました。きっと、家族の幸せは、全部、床に放り出していたモノに吸い取られていたんですね」

このお宅には、まだ通っていますが、もう陽子さんの口から、「離婚」の2文字は出なくなりました。

# デキる男は、女に個室を用意する

## 〈イケ男〉のほんとうのやさしさとは？

男女の仲って、バランスなんだなあ、としみじみ思います。

それぞれのモノの量、力関係、会話……それぞれのバランスが保たれていれば、傍目《はため》にどんなふうに映ろうが、それはきっと仲の良い2人です。反対に、幸せに見えていても、危ういカップルはたくさんいます。

最近、あるお宅にうかがったときに、「だからこの2人はうまくいってるんだ！」と感心したことがあります。


**新しく生まれてくる子供のためにキレイにしたい**

健太さん33歳、香織さん27歳、という新婚2年目のご夫婦でした。埼玉県の三郷《みさと》市に、35年ローンで一戸建てを買ったというお2人で、お腹の中には赤ちゃんがいました。

健太さんが言うんです。

「僕も香織も、片づけが苦手です。いろいろチャレンジしたんですけど、どうもうまくいかなくて……。新しく生まれてくる子供のためにも、どうにかしなくちゃいけないな、って」

確かに、雑然としています。モノをどこに置くとか、どう片づけるとか、そうしたルールがまったくありません。見るからに、片づけ自体に不慣れでした。

健太さんは、自動車関連の企業に勤めているので、土日ではなく、木金がお休みでした。

健太さんの希望は、「木曜日と金曜日に片づけ作業に来てほしい」ということでした。

理由がふるっています。

「片づけって、重いモノを動かさないといけないないですよね？　香織は身重だから、僕が運んであげなくちゃいけないと思って。モノを捨てる、捨てないのジャッジはすべて香織に任せますが、力仕事は僕がやります！」

まだお若い2人でしたが（だからなのかもしれませんが）、きちんと会話をしているという印象でした。奥さんの香織さんも、ジャッジを任されているからといって、勝手には捨てません。捨てるモノが出てきたときは、きちんとご主人の健太さんに確認を取ります。

そのうちに、2人で相談してジャッジするようになり、仕事は本当にはかどりました。何を残し、何を捨てるのか。実はこの部分が、揉めやすいんです。でもこのお2人のように、仲良く話し合いながら作業を進めれば、のちのち、「どうしてアレを捨てたんだ!」なんて、喧嘩をすることもありません。

## 愛する妻のために、「妻の部屋」をつくる

もうひとつ、感心したことがあります。部屋の目的を決めていたときのことです。まだ引っ越して間もなくて、子供も生まれるというので、部屋の目的がいまひとつ、明確になっていませんでした。ひとつひとつ、お2人と一緒に決めていったんですが、4畳半の部屋が、宙に浮いたんです。

通常ならば、納戸にしてしまうところです。設計者も、そういう曖昧な意図でつくったのでしょう。でもこの家には、押し入れが2つ、クローゼットもひとつありました。目的の不明確な納戸を用意してしまうと、この先、この部屋にガラクタを押し込んでしまうことは目に見えています。

「納戸以外の部屋にしませんか?」

私はお2人にうながしました。

「えっ、どうしよう？」

香織さんはアイデアがないらしく、考え込んでいます。

健太さんが力強く提案しました。

「ここは、香織の部屋にしましょう。『子供の服を手作りしたい』って前に言ってたから、ミシンを置いてもいいし、アイロン台なんかも置いて家事室にしてもいい。ネイルアートも好きだから、ネイルの部屋にするのもいいな。とにかく、ここは香織の部屋にします！今は空っぽにしておいて、すべてを香織に任せます」

もしかしたら、「僕の書斎にします！」って言うのかな、と思っていましたから、聞いていた私も驚きの発言でした。香織さんが顔を赤らめながら、健太さんを見つめていたのは言うまでもありません。〈イケ男〉ってこういう人のことを言うんでしょうね。

働いている男性には、会社という家以外の居場所があります。ポジションもあります。自分を評価してくれる人もいます。

でも専業主婦には、家しかないんですね。だから女性にとっては、家が「自分の城」なんです。もちろん、女性主導が過ぎるとうまくいきませんが、家は、女の人の考えで物事を運んでいったほうがうまくいくのです。

しかし「自分の城」といっても、そこには旦那もいますし、子供もいる。自分の思い通りにはいきませんし、彼らはプライベートを侵害してきます。女性だって、ひとりになりたいときがあるんです。ひとりでホッとしたいときがあるんです。そういう時間が持てるから、がんばることもできる。健太さんは、それがわかっているのでしょう。だから「妻の個室」をつくろう、と提案したのです。

今、この2人は、楽しみながら「片づけ術」をマスターしているところです。赤ちゃんが生まれる頃にはきっと、キレイな部屋で、笑い合っているんじゃないでしょうか。

私が言うのもおこがましいですが、男女の関係は、難しいものです。健太さんと香織さんのように、「いい関係」からスタートできればいいのですが、すべてのカップルがそうできるわけではありません。

でも、ここまで見てきたように、片づけをきっかけにして、「いい関係」に変えていくことはできます。ではどうしたら？

お任せください。これから、その片づけの方法を、みなさんにお教えします。

【第2章】

# 部屋を2倍、家を5倍広くしませんか？

みるみる片づく8ステップ

ステップ1●片づけをはじめる前にしておくべきこと①

# 部屋の「名前」と「使い道」をはっきり決める

片づけにおうかがいすると、すでにやる気モードに入っていて、「何から片づけたらいいですか？」「どう片づけたらいいですか？」と聞いてくる方がいます。

みなさんやっぱり、一気に片づけてしまいたいんですね。だって、今の状態が嫌で、どうにかしようと思っているのですから。

でも私は、「ちょっと待ってくださいね」といったん、クールダウンしてもらいます。片づけのスキルだけ学んで、片づけを実行しても、最終的にキレイが持続しないからです。だからまず、頭を使ってもらいます。

私の場合、とめどもなく汚くなった原因は、「いつか子供部屋にしよう」という空き部屋があったことでした。下の子がまだ小さかったので、個室はいりません。寝るのも親と一緒です。でも、部屋だけは用意していました。

いつか。そのうち。

これは片づけの禁句です。

「いつか子供部屋にするから……」

「いつか」が曖昧だから、いつの間にか、置く場所を決めていないモノや、捨てようかどうしようか迷っているモノを詰め込んでしまう。そうすると、そこからジワジワと家中が片づけられなくなってきます。

「そのうち片づけるからいいや」

こう言っている方に、「そのうち」はやって来ません。

みなさんの家にも、あるのではないでしょうか？　何をしまうか決まっていない納戸や、将来の子供部屋として考えている部屋が……。

使っている部屋も、もう1度見回してみてください。リビングに食料品が置いてありませんか？　寝室にゴルフバッグが置いてありませんか？

いったい、この部屋は何のための部屋なのか。何に使いたい部屋なのか。

それを家族みんなで考える。

これが第1のステップです。

## 「いつか使う子供部屋」なんて必要ですか？

作業は簡単です。

まず、家の間取りを紙に書きます。完璧主義者の〈床置き派〉の人は、モノサシを使って正確な図面を描こうとしますが、各部屋の目的を考えるためのものなので、フリーハンドでかまいません。ここで力を使い切ってしまわないでくださいね。

書いた間取りに、「名前」を付けていきます。子供部屋、夫婦の寝室、リビング……。そういう大雑把なものでかまいません。

名前を決めたら、「用途」を明確にします。

その部屋で何をしたいのか、大きなくくりでイメージするんです。例えばリビングで本を読みたいとします。じゃあ本棚が必要になりますよね。

家族みんながリビングにいることが多いなら、薬や救急セットもリビングにあったほうが便利だね、ということになります。

何を置くかまではきっちり決めなくていいのですが、「何をしたいのか」は、はっきりさせます。そこで何をしている自分（家族）がいるのか、イメージしましょう。

具体例で言うと、納戸やクローゼットは、「何をしたいのか」がはっきりしていないから、整理できないことが多いのです。ただ「モノを入れる場所」としか思っていないから、納戸に、缶詰も入っていれば、掃除機もあり、トイレットペーパーも詰め込んである、ということになってしまう。

「この納戸は、台所に近いから、台所用品を入れるのが便利だな」ということならば、それだけを入れればいいのです。「何をしたいのか」をはっきりさせるということは、そういうことです。これが、このあとの片づけ作業につながっていきます。

みなさんがこのステップ1で、頭を悩ませるのは、「いつか使う子供部屋」です。まだお子さんが生まれていないご家庭の子供部屋って、実はまだ「子供部屋」じゃないですよね。いつか子供部屋になるかもしれないけれども、その「いつか」はわからない。本当に子供部屋として取っておくのであれば、お子さんが生まれてすぐに子供部屋として使うのかどうかまで、一緒に煮詰めていきます。

例えば、「赤ちゃんをどこに寝かせますか？」って。小さいときは、お母さんと一緒の部屋で寝たほうが授乳なども便利ですよ。同じ布団で寝られる方もいますし、ベビーベッドを置く方も、お母さんと同じ寝室に置いている方が多いですよ。こんなふうに、実際の作業では、具体的にアドバイスしていきます。

そうすると、みなさん考えるんです。

「まだ子供もいないし、生まれてもしばらくは個室はいらないわよね。だったら、ここはそれまで、主人の書斎にしておこうかしら。でも、本棚や机を置かれちゃうと、あとあと面倒だから、パソコンとステレオを置くぐらいにしてもらおうかな」

## 「部屋のイメージ」なんて、じつは家族バラバラ

部屋の用途を話し合っていると、意外と、自分と家族の間で、イメージが違うことに気づきます。家族一人ひとりが、自分のイメージで、モノを部屋に持ち込んでしまうから、部屋は片づかなくなってしまうんです。

ステップ1の最中に、お互いのイメージギャップで、喧嘩をはじめてしまったご夫婦もいました。

学さんは36歳のサラリーマン。33歳の明日香さんは専業主婦。お子さんは3人で、いちばん下は生まれて半年のかわいい女の子です。

結婚したり、新しい家族が増えたり……、こういう人生の節目は、生活スタイルががら

っと変わりますので、「片づけられない」という人も増えてきます。このご家庭もそうした理由での依頼でした。引っ越したばかりのマンションで、しかも明日香さんは子育てにバタバタしていました。「部屋の目的」なんて決めてもいません。

で、この家にはあったんです。夫婦の寝室のとなりに、誰も使わずに放置されていた、4畳半のスペースが！

この部屋をどうするか。夫婦の取り合いが始まりました。学さんは言います。

「オレの書斎が欲しい。ここにマッサージチェアを置いて、仕事の疲れを取るんだ。パソコンも置きたいしな……」

明日香さんも黙っていません。

「私が将来、ネイルアーティストになりたいのは知ってるでしょ？　ここには私のネイルセットを置く！　で、お香も焚《た》いてボーッとするの。寝室の隣だから、赤ちゃんが泣いてもすぐに気づくし」

学さんは強硬手段に出ました。マッサージチェアを注文してしまったのです。

でも片づけの最中ですから、4畳半のスペースに、まだチェアを入れることはできません。仕方なく、それはリビングに置かれました。

嫌でも目につきます。明日香さんは目に入るたびに、旦那に噛《か》みつきました。夫婦喧嘩は目立って増えていきました。

**女性のほうが、家にいる時間が長い**

3、4日後、学さんが折れました。せっかく買ったマッサージチェアだったのですが、仕事から帰ってくると、子供の相手もしなければなりません。学さんは子供好きでした。子供をほったらかして、ひとり、マッサージを受けている気分になれなかったそうです。

無用の長物となったマッサージチェアは、学さんが外したネクタイや、スーツをかけるためだけに使われました。

「書斎に押し込んでも使わないな、と反省しました。クーリングオフの期間だったんで、あれは返却しちゃいました。中山さんから『奥さんのほうが家にいる時間が長いんですよね？』と言われていた意味にも気づきました。妻が暮らしやすい家じゃないと、ね」

学さんと明日香さんのご夫婦のように、最初のステップで揉める方は、けっこういます。でもそれでいいんです。意見をぶつけ合わないと、イメージのすり合わせはできません。ステップ1で大切なのは、「家族全員で話し合って決める」ことです。奥さんひとりで決めてしまっても、うまくいきません。片づけは「対話」からスタートするのです。「対話」を面倒くさいと思わないでくださいね。片づけは家族間のコミュニケーションからはじまるんですから。何事もスタートが肝心です。

片づけを終えたある方は、「部屋の広さが、倍になったみたい!」と感激していました。「家が5倍に広がった」と驚いた方もいました。部屋が片づけば家がかがやきだし、人生も前向きに考えられるようになります。私は、そういう例をたくさん見てきました。

さあ、あなたの家も、広くしてみませんか?

## ステップ1の手順

## 部屋の「名前」と「使い道」をはっきり決める

① 手描きで簡単な家の間取りを描く。
② 部屋に名前をつける。
③ 部屋やスペースの、用途をはっきりさせる。

ポイント ● 家族全員で話し合って決める。

ステップ2●片づけをはじめる前にしておくべきこと②

# 片づけする部屋を「しぼり込む」

部屋の「名前と用途」が決まったら、ステップ2では、片づけに取りかかる場所を特定し、決めます。

やってみると実感すると思いますが、片づけは、やみくもにやっていくと、まったく終わりません。それに、片づけは家族の共同作業ですから、ご夫婦なら夫婦2人そろって、同じ場所から作業をスタートしてほしいのです。

片づけに入ると、そのモノがいるのか、いらないのか、ジャッジが必要になってきますが、自分の持ち物以外のモノも多いんです。別々の部屋で片づけをはじめると、「あなた、このカバンいるの?」「おい、このワンピースもう着てないんじゃないか?」と、遠くで怒鳴り合うことになりかねません。それぞれが別々の部屋で片づけをすると、仲が険悪になるだけで、いいことなんてひとつもないんです。

では、どこから取りかかったらいいでしょうか？

それは、家族にとって「いま、いちばん大切な場所」からです。

「家族団欒《だんらん》の空間を確保したい」ということでしたら、真っ先にリビングからですし、「小学校に上がる子供のために、子供部屋を確保したい」ということなら、子供部屋を予定している部屋から始めます。


**この家（部屋）で、どんな生活を送りたいですか？**


ステップ2では、家での過ごし方の優先順位を話し合い、具体的にイメージしましょう。

それは、この家（部屋）でどんな生活を送りたいのか、そのことをじっくり語り合うことです。

これはけっこう、大きな発見があると思います。

「主人が、家族一緒に食卓を囲むことを大事に思っていたと、初めて知りました」

こんなふうに話してくれた奥さんもいました。

「妻にとっては、安眠がいちばんのストレス解消法だったんですね」

これは、寝室から片づけ始めた、あるお宅のご主人の台詞《せりふ》です。

でも、こういうことって、なかなか普段の生活では話しませんよね？　だからこそ私は、「片づけ」っていいな、と思うんです。「片づけ」をきっかけに、夫婦の会話も、家族の会話も増えるんですから！　１５００件以上のご家庭を見てきた私はいま、「片づけで、会話が増える」と断言できます。

部屋をしぼり込んだら、次は、「その部屋のどこから取りかかるか」を細かく決めていきます。

これも先ほどと同じ理由で、いくら同じ部屋を片づけたとしても、一方は奥から、一方は手前から、と作業していたのでは、意志の疎通がはかれません。作業効率も悪くなります。

例えばダイニングキッチンで、食器棚から始めると決めたら、食器棚以外はさわりません。ここがすべて終わってから、次に移ります。

実際の作業では、どうしてもご主人が日中仕事で片づけができない、という場合が多くあります。そういう場合は、「相手のモノをどうするか」というのも、悩みのタネです。

こういうときも、大事なのは「相談」なんですね。

相手のモノを勝手に捨てるのではなく、段ボール箱など、一か所にまとめるようにする。

そして、会社から帰ってきたら声をかける。

「明らかに壊れていたのは捨てちゃったけど、いいよね？　わからないものは、この箱に詰めておいたから、一緒に見てくれる？」

これなら相手も、気を悪くしません。

でも中には、片方が暴走してしまう、というケースも多く見られます。

## 自分の靴をしまうために、旦那の靴を捨てた妻

靴箱を片づけていたときでした。

そこは典型的な〈女性主導派〉のお宅で、家の中にもあまり、ご主人のモノらしきものがありませんでした。

依頼主は、智子さんという35歳の方で、とてもサバサバした女性でした。

「35歳になる前に結婚したくて、その辺で手を打ったのよ」

なんて軽く言ってのける女性で、ご自身も働いていました。

この方、とにかく、ギュウギュウ押し込む。それほど大きくない靴箱に、智子さんの靴が30足ちかく詰まっていました。だから1足引き抜くと、その段の靴が、雪崩のように落

ちてきてしまいます。

一方の旦那さんの靴は、たったの3足。革靴1足に、くたびれたスニーカーが2足。「今日は会社に革靴で行った」とおっしゃってましたから、合わせて4足です。

奥さんとご主人の靴の数を、比率に直すと7：1。黄金比の2：1どころの話じゃありません。

靴箱を片づけるにあたって、これだけお願いしました。

「この靴箱に入るだけの靴にしましょうよ。1年履いていない靴や、壊れている靴は捨てましょうね」

合計20足入る靴箱でした。

智子さんもしぶしぶ捨てたのですが、どうしてもあと3足入らない。智子さんは、どうしたと思います？

智子さんは、自分の靴を捨てずに、ご主人のスニーカー2足を捨てました。で、ほんの数秒悩んで、残っているご主人の革靴も捨ててしまいました。ご主人の靴は、今日履いていった革靴だけになってしまったのです！

事前にあれほどお願いしていたのですが、智子さんはご主人と事前の相談をしていなかったようです。靴箱を今日片づけるということも伝えてなかった。そういう話し合いがあったなら、「これは捨てないで」と頼んでおくとか、別のところに事前に片づけておくとか、ご主人もやりようがあったはず。

でも、知らないのでそんなこともできなかった。

「平気、平気。あの人は1足あればいいのよ」

こういって智子さんは笑っていましたが、私から見るとちょっと心配。このあと、ご夫婦の仲が冷え込まなければいいのですが……。

**ステップ2の手順**

## 片づけする部屋を「しぼり込む」

**①どの部屋が大事なのか、優先順位をつける。**

**②その部屋のどこから片づけるか、決める。**

**ポイント**●その部屋でどんな生活を送るのか、イメージする。

ステップ3 ● 片づけをはじめる前にしておくべきこと③

## モノが爆発したきっかけと原因を思い出す

中学校のとき、担任の先生が、答案を返しながら、よくこう言っていました。

「お前ら、なぜ間違えたか考えろよ！　それがわからんと、また同じとこ、間違うぞ」

そのときは、面倒くさいな、と思って聞いていたのですが、片づけのお仕事をしている最中に、この言葉を思い出している自分がいました。

そうなんです。部屋が汚れてしまうのには、必ず「なぜ」があるんです。

「なんで散らかっちゃったんだろう？」

部屋を散らかしてしまったときに、こうやって振り返ることのできる人は、片づけ上手の人です。原因を探ろうとするから、同じ過ちを繰り返しません。ちょっとずつですが、ステップアップしていきます。

ステップ3は、モノが散らかってしまった「きっかけと原因」を思い出すことなのです。

でも、なんでうまくいかないかを考えるのって、楽しい作業じゃないですよね？　夫婦で一緒に、「きっかけと原因」を考えてもらうと、たいてい揉めます。間違いなく揉めます。取っ組み合いとまでいかなくても、「お前のせいだ！」「あなたのせいよ！」という口喧嘩になることは覚悟してください。

雨降って地固まるじゃないですが、「もめる」という作業が必要なのです。ここで、気持ちを吐き出して、自分たちのやってきたことを見直して、初めて先に進めるんです。

**家族全員が座れないダイニングテーブル**

ステップ3で大もめにもめたご夫婦のケースを紹介します。

そこのお宅にお邪魔すると、開口一番、ご主人から言われました。

「こんな業者呼びやがって。お前がこんなに汚くするから、こんな業者を家に入れる羽目になったんだぞ」

最初から喧嘩腰。部屋は居心地の悪い空気で、よどんでいます。

千葉県流山市の一戸建てのお宅でした。お子さんは4人。高校2年生の長男を筆頭に、ちょっと離れて、小6、小4、小3の女の子3人。

奥さんの久美子さんとご主人の洋平さんは、高校のときの同級生。20歳で結婚し、共働きでがんばってきました。

共働きでお互いに忙しいので、なかなか家事に手が回りません。食事もコンビニの弁当になってしまうことが多く、その大量のゴミも、この家を汚している原因のひとつでした。

家族団欒の食事は、すでにこの家からはなくなっていました。ダイニングテーブルの上もモノであふれ、テーブルで食事ができないのです。かろうじて、1人がお弁当を広げられるほどのスペースがあって、子供たちは自分で弁当をレンジで温め、1人ずつ食べていました。

原因は何ですか、とたずねても、お互いに罵るだけです。そのうちに子供たちが学校から帰ってくると、子供に責任転嫁。怒鳴り始めます。

「あんたたちが汚すんでしょ！　片づけなさい!!」

私から見ると、原因は明らかでした。

ひとつ目は、久美子さんのネットオークション。久美子さんは仕事から帰ってくると、身支度もそのままで、パソコンにかじりついていました。中古の漫画本の全巻買いをしていたのです。娘の漫画を借りて読んだら、昔好きだったことを思い出して、ついつい買うようになってしまった。久美子さんは言います。買っただけで読む時間もない漫画本は、寝室に封も解かれずに積んでありました。

もうひとつは、洋平さんのＵＦＯキャッチャーでした。本人いわく「プロ並みの腕前」とかで（プロっているんでしょうか？）、同僚と飲んでくる代わりに、ゲームセンターに立ち寄って、ＵＦＯキャッチャーをやってくる。確かにお上手らしく、その戦利品のぬいぐるみやフィギュアが、リビングに山と積まれていました。70個はあったでしょうか。最初は並べていたような形跡がありましたが、数が増えてきて、あとは放り投げるように積んでいくだけ。もちろんぬいぐるみにはホコリも積もっていました。

寝室を滅茶苦茶にしているのは久美子さん、リビングを汚す原因をつくっているのは洋平さんでした。

**あなたが愛する「宝物」、売ったらいくらになりますか？**

この2人は、片づける場所でも揉めるんです。お互いに相手が悪いと思っているから、ご主人は、「寝室のお前の漫画からどうにかしろ！」と言いますし、奥さんは「あなたのぬいぐるみを全部捨てて！」とヒステリックに叫びます。

私は仕方なく、キッチン、子供部屋の順に、片づけていきました。

他の部屋がおおかた片づいてくると、リビングと寝室の汚さが、目につきます。かたくなだった洋平さんも、実際にキレイになっていく部屋を見て、やや警戒心が薄らいできました。「キレイになったな」なんて、嬉しそうに言うようになったんです。

他の部屋が片づいた頃合いで、お2人にもう一度、「原因」について話し合ってもらいました。汚くなった原因は何だと思うか、という質問を再度ぶつけました。

「お前の漫画だな」

「あなたのフィギュア」

堂々巡りです。

「お互いの立場に立って、もう一度、考えてもらえませんか？」

「…………」

もう、2人ともわかっているのです。だって、他の部屋はキレイになってるんですから。

「全部じゃなくていいから、売ってみませんか？　自分が大切にしていたモノの価値を知るって、大事なことですよ」

まず、最悪の状況を把握してもらうため、寝室とリビングを写真に撮りました。あとで、比較してもらうためです。そして、ご夫婦のネットオークション・バトルです。2人とも捨てられないのは、どこかで「価値がある」と思っていたからなのです。奥さんは高値で競り落としていますし、ご主人の景品は「レアなモノも混じっているから」とご本人が言っていました。

結果は……久美子さんの圧勝でした。

**「向こうが悪い」から、私は片づけない**

洋平さんのUFOキャッチャーの景品には、買い手がつきませんでした。ぬいぐるみは劣化がひどく、箱があるべきフィギュアには箱がありません。一方で、久美子さんの漫画は優良商品でした。中には買ったときよりも高く売れるものまで出てきました。

UFOキャッチャーは「とる」ことに喜びがあるので、それほどコレクターがいなかった。漫画は「読む」ことが目的なので、手に入れたいと思うマニアが多かったのです。

洋平さんは、潔く負けを認めました。価値がないとわかったことで、こだわりから解放されたのか、あれだけあったぬいぐるみとフィギュアを、一切合切、捨てたのです。「こんなにあったのかぁ」と洋平さんは苦笑いしていました。

久美子さんは久美子さんで、「売るのが楽しくなった」と言って、どんどん漫画本を売っていきました。売っていくうちに、どれだけ自分の漫画本が空間を占拠していたのかわかりました、と久美子さんは言います。

向こうが悪い。

お互いにそう思っていたことが、この家の汚れてしまった原因でした。だから意地でも片づけなかったと、お2人は言います。

「でも、いちばん辛かったのはお子さんたちですよね」

こう言うと久美子さんは、目頭をぬぐっていました。

今まで、いちばん上の高2の男の子は、家に寄りつきませんでした。帰ってもゴミ溜《た》めの中でコンビニ弁当ですから、それなら外で食べてくると言って、夜遅く、寝に帰ってくるだけでした。それができない小学生の女の子3人は、じっと耐えていました。

それが、家がキレイになったら、長男が家に彼女を連れてくるようになったそうです。本当は家に帰りたかったし、彼女や友だちを家に呼びたかったんですね。でも、それができなかった。

このお宅は、それまでの寒々とした空気が嘘みたいに、幸せな食卓を囲んでいます。

「きっかけと原因」を思い出すことで、ウミを出し切ったんですね。

いったん、自分にも悪いところがあったと非を認めると、不思議なことに、この話し合いは、思い出話へと変わっていきます。

「こいつが産まれたとき、こんなことあったなあ」

「ここに越してきたころ、あなたこうだったわよね」

家が片づいていない家族に足りなかったのは、会話だったんです。相手を認めることだったんです。

**ステップ3の手順**

**モノが爆発したきっかけと原因を思い出す**

**① なぜ汚れはじめたか、そのきっかけ、原因を話し合う。**

**② 汚れている状態を忘れないようにするため、写真に撮る。**

**ポイント**● 相手を責めるのではなく、自分を省みて、非を認める。

# いちばん大切なモノとムダを「格付け」する

「いま、いちばん大事にされているモノはどれですか？」

実際に片づけの作業に入る前の、最後の質問です。

片づけの最中に、みなさんが驚かれるのが、よくわからないモノがある、ということです。間違いなく自分たちのモノなのに、「私、こんなモノ持ってたんだ！」とか、「こんなモノあったっけ？」というつぶやきがもれてしまう。

言い方を換えると、忘れてしまっているようなモノは、あなたにとって今後、大事ではないのです。きっとこの先、使うこともないでしょう。それなのに手元にあるということは、その分のスペースを無駄にしているということです。

思い出すことのできる大事なモノを、紙に書き出してみてください。そう、「格付けリスト」です。それもできるだけ具体的に、商品名のわかるものは名前も一緒に。洋服なら色や柄を書き込むのもいいでしょう。

いったい、いくつありますか？

どんなモノが多いですか？

音楽好きの方だったら、ギターとか、ピックとか、好きなアーティストのCDとか、そうしたモノが書き出されているはずです。ゴルフ好きなら、ゴルフのクラブやバッグ、トロフィーなどが思い浮かんだんじゃないでしょうか。子供の写真や家族のビデオといった思い出の品かもしれません。

書き出したモノは、あなたのこれからの人生を、きっと豊かにしてくれるモノです。「趣味」とか「生き甲斐《がい》」と言い換えてもいいですね。書き出したリストは、あなたのライフスタイルそのものなのです。

**すぐ思い出せないモノを「大事」とは言わない！**

私の父の話です。

父は何年もモノを詰め込んだまま、手つかずにしていた「自分の部屋」を持っていました。これが大問題でした。

5畳ほどの縦長のスペースは、名前も目的も決まっていませんでした。仕事に追われていた父は、「自分のこれからの人生」を考えたこともありません。大事なモノが何かも考えたことがありませんでした。

こういう場合の部屋の末路は決まっています。ガラクタを放り込む空間です。そして一度それをやり出すと、家族にも伝染します。他の人間も、ガラクタを押し込んでしまうのです。

私は父に聞きました。

「大事なモノって何？」

「これから、この部屋でどんな時間を過ごしたい？」

質問しながら、大事なモノを紙に書き出してもらおうとしたのですが、まったく手が動きません。なんと父は、この部屋の中にある「大事なモノ」をまったく思い出せなかったのです！　何があるか、覚えているモノもありました（例えば、妹に買ってあげた学習机、使っていないゴルフバッグ、壊れているステレオ……）。でも突き詰めていくと、考え込んでしまうのです。

「大事かと言われると、うーん、そうでもないんだよなぁ」

16年前に家を建て、その2、3年後には、この目的不明の部屋はガラクタであふれ出したそうですから、もう10年以上、この部屋には大事なモノが置かれていなかったのです！捨ててもいいモノで、部屋を占拠していたのです。

そしてそのことに、ずっと気づかずにいたのです。紙に、大事なモノ（格付けリスト）を書こうと試みるまでは……。

**「したいこと」「できること」「ありえないこと」を整理する**

部屋に詰め込まれていたモノは、私から見ると、全部捨てても問題ないようなモノに見えました。父に言わせると、「いちばん大事だ」とは言い切れないけれど、無駄なモノじゃない、となります。

そこで仕方なく、今後5年のライフスタイルを明確にしてもらうことにしました。

少なくとも、この部屋を使って、どんなことをしたいのか。

父は最初、「書斎にするんだ」と言い張っていました。

「書斎にしてもいいけど、書斎で何をするの？」

「ものを書くんだよ、ものを」

「ん？　お父さん、物書きじゃないでしょ？　何を書くの？」

ひとつひとつ、言葉にしていくと、答えに詰まってしまうのです。つまり、切実な思いではなかったということです。

娘に責められ、父が必死に出した答えは、これです。

「趣味のモノに囲まれながら、部屋でゆったりくつろぎたい」

これでもまだ曖昧な答えですが、ここまで絞れたのでよしとしました。部屋の目的が明確になったので、「大事なモノ」「無駄なモノ」もはっきり見えてきます。

ゴルフが趣味なので、ゴルフ関係の本は大事。でも、よく使うゴルフセットは玄関脇の納戸にしまってあるので、この部屋にある、もらい物のゴルフセットや、昔使っていたゴルフバッグはいらない。ゴルフのトロフィーは飾っておきたいけど、全部はいらない。思い出せるモノ3つにしぼれば、あとはいらない。くつろぐのに、何十年前に買った娘の学習机はいらない。

何を取っておけばいいのか、何がいらないのか、どんどんイメージが出てきます。すっきりと整理整頓された趣味の部屋――将来の部屋のイメージが、父の頭の中に見えてきました。

ステップ4までは、肉体労働というより、頭と気持ちの整理です。

ここで方向性をきちんと確認しておくと、そのあとの片づけ作業は、驚くほどはかどります。逆に、こうした準備をしておかないと、そのたびに迷って作業を中断するということになってしまうんです。ステップ3までと同じように、家族の間で意見をすり合わせておくことも必要ですね。

さあ、ステップ5からは、実際の片づけ作業に入ります。

## ステップ4の手順

### いちばん大切なモノとムダを「格付け」する

① **大事なモノを紙に書き出す。**
② **その「格付けリスト」で、自分のライフスタイルを確認する。**

**ポイント** ●「格付けリスト」をもとに、部屋の最終形をイメージする。

ステップ5●さあ、片づけをはじめましょう①

# 部屋にあるモノを「ぜんぶ並べる」

片づけの準備――言い換えるなら「気持ちの整理」が終わったら、いよいよ、片づけを実行します。

実行編の最初のステップは、「しまう」ことでも、「捨てる」ことでもありません。この片づけ術では、まず、「並べる」のです（この際、部屋ぜんぶのモノを出すのではなく、食器棚やカウンターなど、部分ごとに作業してください）。

「片づけなのに、なぜ並べるの？」

こんなふうに聞いてくる方がいます。確かにそうですよね。でもこれが必要なんです。なぜなら、並べると、自分がどんなモノを持っているか、目と頭で確認できるからです。確認しないと、人は前に進めないのです。

並べるうちに、たいていの方は、ちょっと恥ずかしくなります。思いもよらなかったモノが出てくるからです。

**「えっ、私、こんなモノを持っていたの!?」**

キッチン周りから出てくるのは、こんなモノです。

引き出物でもらって、しまい込んでいたままの「どんぶりセット」。弁当についている、「小分けの醤油《しょうゆ》＆ソース」。何年も使っていない「夫婦茶碗の片割れ」。ＩＨヒーターに換えたのに、「コンロでしか使えない鍋＆フライパン」。コンビニでもらってためてしまった大量の「箸＆ストロー」……。

「えっ、私、こんなモノを持っていたの!?」

たいていの方はここで驚かれます。自分でしまったモノなのに、忘れてしまっているんですね。みなさんのキッチン周辺にも、「忘れている」だけで、こうした「使っていないモノ」が大量にあるはずです。つまり、並べることで、自分がいかにいらないモノをしまい込んでいたかに、気づくんです。何が必要じゃないかも、ここで見えてきます。

「これぜんぶ、食器棚に入っていたんですか！　すごすぎます!!」

と自分で自分に驚かれていた奥さんもいました。

クローゼットや洋服のタンスも、「思いもよらなかったモノ」の宝庫です。20年前に着た「ボディコンの服」が出てきたお宅もありました（それも3着！）。「一度だけ着て、しまい込んで忘れてしまったブランド物のジャケット」なんてザラですし、「まったく同じ柄、同じ色、同じメーカーのワンピース」が2着出てきたこともあります。

男女を問わず、クローゼットが「要らないモノ」の宝庫になってしまうのは、「いつか着るかもしれない」というモノが多いからです。

サイズの合わなくなってしまった服。高かったけれど流行遅れになってしまった服……。「いつか」が訪れることがないことは、頭のどこかで気づいているのに、「もったいない」からと、とりあえずしまってしまう。しまったことで、解決したような気持ちになる。

人って、目に見えないところにしまい込むと、簡単に忘れてしまうものなんです。忘れられたモノは、そこで朽ちていくのです。

文字通り、本当に朽ちるんです。あるお宅のクローゼットの奥から発見された「昔お気に入りだった革のミニスカート」なんて、ぴったりはりついて、革が溶けていました。イタリア物のスーツが、全体カビだらけだったこともあります。

これこそ、もったいないですよね。

## 当事者意識がないから、誰も片づけない

3人家族の千葉市にあるマンションにうかがったときのことです。このお宅は、台所がたいへんなことになっていました。

ご主人の進さん（55歳）はメーカーの部長で仕事一筋。家庭のことは奥さんにまかせきりでした。明美さん（50歳）は、趣味が高じて、今ではヨガのインストラクターをやっています。主婦との両立です。ひとり息子の大樹さんは25歳。就職難の影響をモロに受けて、「フリーターなんです……」と明美さんは言っていました。

このお宅のキッチンは、「当事者」がいませんでした。

進さんは、グルメという自負があります。自前のそば打ち道具も持っていて（といっても打ったのは2、3回だそうですが）、食にこだわっています。

明美さんいわく、ご主人が出張で地方に行くと、お土産は必ず、郷土色豊かな食材だそうです。新潟県妙高の「かんずり」に、長崎で買った「ゆず胡椒《こしょう》」。山形県酒田の「飛島《とびしま》の塩辛」や、小笠原の「島唐辛子みそ」。私が初めて見る調味料や珍味ばかりです。他にも、海水100％の沖縄の塩やヒマラヤ産の岩塩など、塩だけで7種類以上ありました。

ヨガのインストラクターの明美さんは、それほど料理が好きじゃないんです。息子といっても20歳過ぎですから、一緒に食卓を囲む機会も少ない。だから料理の回数はめっきり減ったと言っていました。台所に立ち入る機会が少ないんです。

この家で、キッチンに立つ回数がいちばん多いのは、息子の大樹さんでした。「飲食店をやりたい」という夢があるらしく、外国の珍しい食材を輸入品販売店から大量に仕入れてきては、あれこれやっているそうです。

キッチンのカウンターの中と上のモノを床に並べると、このお宅の状況がはっきりしました。第1グループは、進さんのお土産系調味料。第2グループは、大樹さんの輸入系食材。第3グループは、明美さんがかつて使っていた期限切れ調味料。この3つがはっきり分かれています。

しかも食卓を囲まないから、会話もない。お互いがお互いのモノに手を出さない。当事者意識もないから、誰も片づけない。そして荒れ放題になってしまった、というわけです。大樹さん、進さんもいるときを見計らって、こうしたモノを並べました。みなさん、言葉を無くしていました。

「同じ家族、というだけじゃダメなんですね……」

明美さんが並べ終わったあとにつぶやいていた言葉です。カウンターにあふれたバラバラの食材が、このお宅を象徴していたのでした。

現在、作業はまだ続いていますが、ちょっとした変化があったようです。

先日お邪魔したら、「息子が就職活動を再開した」と明美さんが嬉しそうに言うんです。実現させる気もない夢にしがみついて、怠けていたことに気づいた、と息子さんは言ったそうです。

進さんは、そば打ちセットとお土産の調味料を、一切合切捨てたそうです。「自己満足でお前を振り回していたんだな」とご主人から言われたとか。

モノをぜんぶ並べることで、お互いに、驚き、呆《あき》れ合った効果なのかもしれませんね。

**ステップ5の手順**

## 部屋にあるモノを「ぜんぶ並べる」

**①コーナーごとに、入っているモノをぜんぶ出し、並べる。**
**②持っているモノを目と頭で確認する。**

**ポイント**● 部屋全部のモノはいっぺんに出さず、食器棚なら食器棚だけ手をつける。

ステップ6 さあ、片づけをはじめましょう②

# 使う、使わない、保留、思い出に仕分ける

コーナーごとに、入っているモノをぜんぶ出して並べたら、今度は仕分けです。

「片づけられない」理由は、モノが多すぎることも一因です。物理的にも、出したモノをそのままぜんぶ戻すことなんてできません。だから「捨てる」作業が必要になります。それがこの「仕分け」というわけです。

でもなんでも捨てればいいってものじゃありません。

先日、70歳を過ぎた女性宅を訪問したのですが、その方は「捨てすぎて後悔していますと」とおっしゃってました。

「潔くすべてを捨てなさい、と書いてある本を読んで、実践したんです。手放せば幸せになれると信じ込んで、孫の写真も捨ててしまいました。しばらく経ってみると、どこかポッカリと穴が空いたようなんです。何か、生き甲斐まで捨ててしまったようで……」

結局この方は、寂しさを埋めるために、また、モノを買い込み、家をモノであふれさせてしまったのでした。

捨てればいいってもんじゃない。私はそう思います。私だって、捨てるか捨てないか迷うことがよくありますし、とっておきたい思い出もたくさんあります。だからこそ、「整理＝仕分け」をする必要があると思うんです。

仕分けでは、次の4つに分けます。①使う（このあと収納するモノです）、②使わない（捨てるモノ）、③保留（判断に迷うときはここ）、④思い出、の4つです。

空き段ボール箱でもいいですし、大きなゴミ袋でもかまいませんから、4つ分、用意します。誰からもわかるように、表に「保留」というように、名前を書いてくださいね（片づけが苦手な家庭では、「どこに何を入れればいいんだ！」と言って、夫婦喧嘩をするケースが多いんです）。

**仕分けられない「ダイレクトメール」の踏ん切りのつけ方**

どちらも20代後半という、結婚3年目のお宅にうかがったときのことです。
翔さんと美佳さんは2DKのアパートに住んでいたのですが、ダイレクトメール（D

M）の数がものすごいんです。テーブルの半分はすでに占領され、床にまでこぼれ落ちています。寝室にも段ボール箱が3箱あって、そこもチラシや手紙で山盛りになっていました。

捨てようとすると、主人が怒るのだと美佳さんは言いますが、それでも捨てなければ、人の生活する場所がなくなってしまいます。ご主人の翔さんも一緒に、仕分けをやっていただきました。

すると翔さん、普通なら②の「使わないボックス」行きのチラシを、①の「使う」に入れようとするのです。奥さんに止められると、「じゃあ保留ボックス行きで……」と言う。これでは片づけになりません。案の定、夫婦喧嘩がはじまってしまいました。

このお宅だけでなく、この仕分け作業で揉めるという家庭は多いのです。でも私は、大いに揉めてほしいと思っています。もめることで、見えてくるものが多いからです。

翔さんが頑《かたく》なに取っておきたいと主張したDMやチラシ、その中身を見てみると、住宅関係でした。

翔さんは、愛する美佳さんのために、一戸建てを買うことが人生の目標でした。それには情報を収集しないといけない。こう思った翔さんは、あらゆる住宅関係の会社に資料請求をしました（1度資料請求したので、その会社からは定期的にDMが届くようになりました）。住宅関係の折り込みチラシは、「参考になるから」とすべて捨てずに取っておきました。でも忙しいから見られない。捨てられないDMとチラシは、住空間を圧迫するほど増えていきました。

美佳さんの放ったひと言は強烈でした。

「私、家がほしいなんてひと言も言ってないじゃん。いらないよ、一戸建てなんて。ローンも大変だし」

翔さんはさすがにがっくりとうなだれていました。でもこのひと言のおかげで、作業は進みましたが……。

**一瞬で思い出せないものを、「思い出」とは言わない**

実は日常生活でも、①使う、②使わない、③保留、④思い出、の4つに仕分けることが大事なんです。これが、いらないモノを捨てるコツです。

翔さんは忙しさにかまけて、これができていなかったんですね。すべてを③の保留に入れていたというわけです。

この「保留ボックス」、実際の片づけ作業の際は、1年間の期限を切ってもらいます（そうでないと元の木阿弥《もくあみ》ですからね）。袋や箱に、「○○年○月○日」と、作業の1年後の日付を書き入れるんです。「賞味期限」というわけです。で、この期限までに1度も使わなかったものは、捨ててもらいます。②の「使わないボックス」行きです。

もったいないと思うかもしれませんが、1年間使わなかったモノは、このあとも使いません。期限を過ぎたら「捨てる」というのが、正しい選択です。

④の「思い出」に関しては、最初から量の上限を決めます。定量保管です。例えば、段ボール1箱なら1箱。これ以上は、取っておかないようにします。1個増やすなら、1個捨てる。厳しいようですが、これが守れないと、部屋は片づきません。

だって、家の中にあるモノは、すべてに何かしらの思い出がありますから。思い出のないものなんてありません。家のチラシだって、翔さんにとっては、「がんばって家を建てようとしていた自分」の思い出なんです。でも、人は思い出だけでは生きられません。

だから私は、「5秒ルール」を推奨しています。5秒見て思い出せなかったら、②の「使わないボックス」行きです。

一瞬で思い出せないモノは、思い出ではありません。本当に大事な思い出の品や写真は、一目見たら思い出します。仕分けの最中に、「じっくり見る」から思い出になってしまうのです。

「これ、どこに行ったときの写真だっけ？」

作業中、こんなふうに夫婦で会話が盛り上がるかもしれませんが、でもそんな思い出せもしない写真、必要ですか？　思い出にもきっと、優先順位があるはずです。

仕分け作業が進んでいくと、たいていの方は、「捨てる」ことが楽しくなっていくようです。捨てるという作業は、積もり積もった人生のホコリを、払い落とすことかもしれませんね。

## 子供の教科書も捨ててしまった！

私も片づけを始めた最初の頃は、「捨てる」という作業に没頭していました。スッキリ空間を手に入れたい一心で、なんでもかんでも捨てまくっていました。

息子が、小学1年生から2年生に上がるタイミングの春休みでした。

教科書やノート、学校のプリントなど、たまりにたまった紙系を整理したのですが、その頃の私は、「捨てる」ことにとりつかれていますので、学校のプリントはノータイムで

「使わないボックス」行き。ノートもテストも捨てました。

息子の1年生用の教科書も、当時の私に言わせれば、「使わない」モノ。鼻をかんだあとの丸めたティッシュと同じ扱いです。よって、これまたゴミ箱行き。国語も算数も、教科書はすべて捨てました。気分はスッキリ晴れやかで、きっと息子から見てもご機嫌のお母さんだったでしょう。

それから約半年後のことです。

2学期が始まった頃、息子の担任の先生が、連絡帳に書いてよこしました。

「○○の本屋さんに置いてありますので、図工の教科書を買ってあげていただけませんか？　値段は416円です。もしお母様が買いに行く時間がないようでしたら、私の方で立て替えて購入いたします」

私が思い切りよく捨てた図工の教科書は、1、2学年で続けて使うモノでした。それを、「こんなの使わない！」とよく見ずに捨ててしまっていたのです。

息子は、一生懸命に片づけているお母さんを見て、「なんで捨てちゃったの？」と抗議することもできず、「買って！」とも言えず、ずっと教科書を「忘れた」と言っていたそうです。隣の席の友だちに見せてもらったり、先生の持っている教科書を借りたり。それを1学期間、続けたそうです。

でも、1学期中ずっと忘れるなんて、誰が見てもおかしいですよね？　2学期になっても持ってこない息子を見かねた先生が、言いよどむ息子から話を聞き出して、ようやく理由がわかったのでした。それでも最初は、「お母さんが捨てた」と言わず、「自分がなくした」と私をかばってくれていたそうです。それを聞いてちょっと涙が出ました。

身をもって体験して、ようやく気づきました。捨てることが大事なんじゃない。自分や家族にとって必要なモノを見極める力が必要なんだって。

モノを見極める——それが仕分け作業なのですから。

## ステップ6の手順

# 使う、使わない、保留、思い出に仕分ける

**① 使う、使わない、保留、思い出、の4つのゴミ袋、または段ボール箱を用意する。**

**② 家族で話し合いながら、4つに仕分ける。**

**ポイント**●「保留」は、1年の賞味期限を設ける。

ステップ7 ● さあ、片づけをはじめましょう③

# 仕分けしたモノを「収納」する

さあ、いよいよ収納です。

普通、「片づけ」と言った場合、「どう収納するか」ばかり、問題にしますよね？ でも本来は、8つあるステップのうちの1つにしか過ぎません。私はむしろ、収納をはじめるまでの、ステップ1から6までのプロセスが大事なんじゃないかな、と思っています。

どうしまうか、というスキルに関しては、次の第3章でカラー写真を使ってくわしく部屋ごとに見ていきますので、ここでは、収納の大まかな基本についてお話しします。

**片づけた直後に、なぜモノが見つからなくなるのか**

収納の基本は、次の4つです。

①各部屋の名前（目的）に合ったモノだけを、その部屋にしまう。

②部屋に出入りする人の行動の動線や、使うモノの種類などを考えて、各人の「場所割り」をする。
③使用頻度に合わせて、モノの「定位置」を確定する。
④家族全員がどこに何があるかわかるように、ラベリングする。
ステップ1で部屋の名前と目的を決めましたよね？　①は、それにあったモノだけを収納する、ということです。意外とみなさん、「なんでこんなモノがこの部屋にあるの？」というモノが多いんです。部屋の用途とモノの用途があっていないから、いざ使おうと思ったときに見つからない。だから新しいモノを買ってしまう。実際、片づけの最中に、爪切りが8個出てきたお宅もありました。
②は部屋のエリアやゾーンを、使う人ごとに割り振る、ということです。クローゼットなら、右側はご主人、左側は奥さん、とはっきり分けます。リビングのように、多用途の部屋なら、家族それぞれの行動パターンや動線に合わせ、例えば、汚れても目につきにくい東の隅は「子供ゾーン」、テレビのある西の隅は「くつろぎゾーン」、台所に近いところが「奥さんのゾーン」というように最初から決めてしまうんです。
③の使用頻度も重要です。いちばん手に取りやすい高さの引き出しは、当然、使用頻度

の高いモノを入れます。思い出ボックスや、浴衣などの季節モノは、使用頻度が低いですから、棚の上のほうでかまいません。簡単なようでいて、これがけっこう難しくて、片づけが苦手な方は、使わないモノが特等席を占めていることが多いんです。使用頻度が高いモノが、取りにくい場所にある。逆から言うと、片づけにくい場所だということです。だから片づかなくなっていくのです。

最後の④は、ラベリングです。せっかく、理想的なしまい方をしても、使ったあとにそこに戻さなければ、意味がありません。

「私はきちんとしまう場所を決めているのに、子供や主人が、全然違うところに戻しちゃって……」

よく聞こえてくる愚痴です。家族全員がどこに何があるのか、わからない片づけは、成功とはいえません。片づけたあと、モノが行方不明になって、それがもとで喧嘩がはじまる。これもよくある話です。

私も最初のうち、母からよく、携帯に電話がかかってきました。私が家をいちばん早く出るので、子供の学校の見送りは母に任せていたんです。

「ちょっと、給食のエプロン、どこに片づけたの？　見つからないわよ！」

そんな電話が、電車に乗っているときにかかってくるんですから、周囲の乗客もいい迷惑だったでしょう。自己満足の片づけで、私は家族を振り回してしまっていたのでした。だから必ずラベリングです。見映えが気になるなら、人にはわからないけれど、家族がわかっている場所に貼ります。

お子さんが小さいお宅では、「片づけ地図」をつくり、クローゼットや押入れのドア裏などに貼ってもらうこともあります。地図があれば、子供だって片づけに迷いませんから。廊下収納や押入れなど大きな空間にも、「片づけ地図」は効果的ですね。

**自分を変えられない人は、片づけもできない**

こうした収納作業の際、どうしても「しまいきれないモノ」が出てきてしまいます。どんなに仕分けをしても、やっぱりモノへの愛着や、もったいないという感情がありますので、収納スペースより多めにモノをとっておいてしまう傾向があります。

そういう場合は最終的に、あふれてしまったモノを捨てるか、あらたに収納スペースを確保するか、そのどちらかです。

それまでの片づけ作業がうまくいっている人は、前者を選択します。

「そうよね、しまえないなら、捨てるしかないわね」

と清々《すがすが》しい表情で、「使わないボックス」にあふれたモノを移します。9割近い方は、片づけの作業を通して、ちょっとだけ、自分が変わってきています。「スッキリ」することの気持ちよさがわかってきていますから、「捨てる」という決断ができるんですね。

後者の場合は難題です。収納棚などを置けば置くほど、部屋の空間は狭くなります。収納スペースがほとんどない方には、新たな棚の設置を提案することもあるのですが、「捨てたくないから、収納スペースを増やす」という方には、正直、困ってしまいます。だって、部屋を片づけられなかった今までの自分を、少しも反省していないってことですから。頑なになっている人の多くは、私に「魔法」を期待してるんです。プロなら、モノを上手にしまえるだろ、って。でも、私は魔法使いじゃありません。空間を広く使う提案はできても、部屋の大きさを変えることはできません。

1度だけ、「ごめんなさい、できません」とお仕事を断ったことがあります。定年退職した元大学教授のお宅でした。奥さんを2年前に亡くされ、子供たちも独立していましたので、男やもめでした。

大学の先生だっただけに、とにかく本が多い。トイレの中にも積んでありました。リビングの床には、本のタワーが林立しています。移動にも困る有り様で、掃除機なんてかけられるわけもありません。ですから、家は汚れるにまかせたままでした。

「収納の限界を超えています。本を手放せないのであれば、片づけはできません」

私は説得を試みましたが、その方は、「壁に棚をつければなんとかなるだろ」の一点張りでした。通常の家は、本のような重いモノを載せる棚をつけられるような壁のつくりにはなっていません。たとえ工務店でも、この方のリクエストに応えることは無理でしょう。

でもこの方は、自分の生き方を変えられなかった。残念なことですが、自分を変えられない人に、私たちのアドバイスは決して届かないのです。

**ステップ7の手順**

## 仕分けしたモノを「収納」する

**① ゾーニングや使用頻度、使う人によって、モノをしまう場所を決める。**

**② 「ラベリング」&「片づけ地図」で、置き場所を共有する。**

**ポイント** ● 「使いやすさ」「しまいやすさ」を考えて、モノを収納する。

ステップ8 さあ、片づけをはじめましょう④

## キレイが続く「片づけ憲法」をつくろう

いよいよ最後のステップ、片づけの総仕上げです。

私は、片づけのまとめとして、「家族のルールづくり」を提案しています。名づけて、「片づけ憲法」。難しく考える必要はありません。「使ったら元あったところに戻す」とか、そういう簡単なルールでいいんです。こうしたルールは、作業中に、自然に生まれてきます。

「安くても飛びつかないで、いいモノだけを探して買います」

こうおっしゃったのは、50代前半の主婦の方でした。

「ストック品がなくても、困らないんですね。なかったら困ると思って、買い込んでいたことで、部屋を狭くしていたんですね」

片づけが終わったあと、こんな感想をもらした方もいました。

「いつか使うと思って取っておいたモノって、実は使うことがないんですね」

こんな境地に達したのは、30代後半の男性でした。

子育てを終えた40代後半の女性は、しみじみ言っていました。

「子供と一緒に、子供のモノも卒業しないといけなかったんですね」

こうした「実感」こそ、大事にしてほしいのです。これこそが、その方がたどり着いた答え――片づけのルールなんですから。

ルールはいくつでも構いません。実行しやすさを考えるなら、10以内でしょうか。これを、家族全員で考えてください。ステップ7で、「しまう場所」を家族で共有したのと同じように、「片づけ憲法」も家族で納得し合うんです。そうすれば、リバウンドもおきませんし、ちょっと散らかっても、すぐにいい状態に戻ります。

最近、「持続可能な社会」という言い方が流行語のようになっていますが、片づけも同じです。持続可能にするためのルールつくりなんです（第4章では、私が推奨する「片づけ8条憲法」をご紹介します！）。

## 整理好きの夫にストレスを感じる妻

うまく家族の共通ルールがつくれずに、困っていた方の例を紹介します。

絵美さん（33歳）は、5歳の女の子と3歳の男の子の2児の母。ご主人の剛さん（39歳）は、高校の理科の先生。誰が見ても幸せな家族のように映るのですが、このご夫婦、お互いに納得していません。

理数系の得意な剛さんは、きちんとするのが大好きです。片づけも得意で、家の整理整頓も自分でしてしまう。「羨ましい」という女性の反応が返ってきそうですが、絵美さんがそれにイライラしてしまうのです。

剛さんは整理好きですから、隙間という隙間にぴっちり詰めてしまう。試しに、キッチンの引き出しを開けると、スプーンやフォークが、種類別、大きさ別にキレイに並んでいます。

「実家の母は、キッチンの引き出しは大まかな分類だけで、ただ放り込んでいました。それに慣れているからかもしれないけど、これだけぴっちりそろってると、見ていて気持ち悪くなっちゃうんです。出したらキレイに戻さなくちゃいけないんだと思って、それがストレスになるんです」

絵美さんはこう嘆いていました。

整理しすぎることに、ストレスを感じる人がいる。これは、片づけの仕事を通して知ったことでした。片づけは、主に使う人のことを考えてしなければならないんだなあ、と改めて思ったんです。

このお宅は、ご主人と奥さんの「片づけの感覚」が、ズレすぎていることが問題でした。絵美さんはざっくりしていたいから、剛さんのきちきちしたやり方についていけない。だから、片づけ自体がストレスになって、終《しま》いにはやらなくなってしまう。

剛さんは剛さんで、絵美さんのやり方が「いい加減」に見える。放っておくとストレスがたまるので、「だったらオレがやる!」と手を出し口を出してしまう。

こういう場合は、家に長くいるほうに合わせたルールにするのが、憲法づくりの秘訣です。そうでないと、家にいる人間は、追い込まれてしまいますから。

このお宅では、「大雑把な分類」でしまうことと、「使ったモノはすぐにしまう」というルールを徹底してもらいました。例えば、台所の引き出しは、「洋物」と「和物」の2つに分類し、仕切りをつけました。箸なら和物のコーナー、フォークなら洋物のコーナーに放り込みます。でもこれだと、他の人が取り出しにくいので、「使っていないモノ」は徹底的に処分してもらいました。整理好きの剛さんのおかげで、収納限度目一杯に詰まっていたのですが、ざっくりしまおうとすると、モノがあふれてしまうのです。

実際、このお宅では、きれいにしまわれていたモノの6割近くが、「この1年、まったく使われていなかったモノ」でした。整理好きのお宅では、よくあることなのですが……。

**「捨てる」「しまう」ができたら、「飾る」を考える**

ルールは、「捨てる」こと、「しまう」こと、それだけのことを決めれば終わり、というわけではありません。「飾る」ということも、考えてみてください。

家での生活が、捨てることとしまうことだけだったら、やっぱり味気ないですよね？花を飾ったり、家族の写真を飾ったり。カワイイ小物を飾りたいと思う人も多いでしょう。でもこれも、ルールがないと大変なことになります。

36歳のめぐみさん。1児の母です。1年前、ようやく授かった女の赤ちゃん、美咲ちゃんをとても可愛がっていました。

美咲ちゃんが卯年《うどし》生まれということもあって、めぐみさんの家には、ウサギの小物がたくさん並べてあるんです。もともと、ファンシーグッズが好きでしたが、赤ちゃんが生まれたことで、「カワイイ」モノに対するアンテナの感度があがってしまったのです。

それに困っていたのが、ご主人の一彦さん（41歳）です。赤ちゃんはなんでも口に入れるから危ないし、窓の桟《さん》やキッチンカウンターの上まで、ありとあらゆるところにウサギの小物が並べられていて、掃除どころじゃない（いったん片づけるため、ウサギをすべて段ボール箱に詰めたのですが、４箱分ありました！）。

一彦さんは「妻は育児ノイローゼなんじゃないか」と思ったそうですから、危機的です。ご主人もだからこそ、強いことが言えない。

めぐみさんは、とにかく飾りたい。でも、いまはルールがない。

そこで、ご主人とも相談して、飾る量を制限してもらいました。赤ちゃんが触れられないようなケースを３つ、新たに購入し、この中に入るだけ、飾っていいというルールを決めたんです。

でもそうすると、飾れない小物が出てきてしまいます。そこで、ローテーションにしました。毎月、その月のテーマを考えてもらい、それに合わせてウサギの小物を置き換えてもらうのです。

ウサギの小物も段ボール４箱を上限として、これ以上、増やさないようにしました。「新しいウサギを購入したら、買った分と同じ個数のウサギをかならず捨てる」というルールを決めたんです。

「美咲ちゃんのために集めたウサギなのに、美咲ちゃんが口に入れてしまい、事故になったらどうしますか？」

こう言ったら、めぐみさんは納得してくれました。むしろ飾る喜びが、毎月訪れるようになり、「以前より、明るくなった気がする」と一彦さんはおっしゃっていました。

オリジナルのルールをつくりあげた家族は、実際、外から見ていても夫婦間のコミュニケーションが、前よりスムーズです。この過程で、会話が増えたんですね。

片づけ憲法は、相手を縛る決まりではなく、「お互いを思いやるルール」です。そこさえ間違わなければ、ステキな憲法が生まれると思いますよ。

## ステップ8の手順

### キレイが続く「片づけ憲法」をつくろう

**①片づけの最中に実感したことを紙に書き出す。**

**②5〜10のルールをつくり、家族で守る。**

**ポイント**●相手を縛るのではなく、思いやりの気持ちでつくる。

# 原色片づけ図鑑

## ビフォー・アフター

第3章

## 部屋がこんなにキレイになった

# 居心地の悪い場所で
# あなたは家族団欒が
# できますか？

## リビング
Before

やりっぱなし。置きっぱなし。「とりあえず……」といういい加減なスタンスが、どんなに広いリビングも「野生」に戻してしまう。

ソファーや椅子は、服を掛ける場所、テーブルは小物を置く場所？ 安易な行動こそ、部屋を汚す人の悪しき習慣。

扉付き収納は目隠しになって便利。でもそれに甘えてただ放り込むと、取り返しがつかないことに。

飲み残しのグラスに越しに見える、カーテンレールに掛けられた洋服……。



## リビングは散らかりやすい場所

LDKが主流となり、「食事も団欒もリビングで」という家庭が大多数になりました。つまり、テレビも、ゲームも、食事もリビング。さまざまな目的のモノが大集合するのですから、油断をすると、すぐに散らかってしまいます。

**片づけるポイントは、リビングを「ゾーン」で区切って考えることです。**「食事ゾーン」、「子供ゾーン」、「TV・ゲーム（くつろぎ）ゾーン」、「家事・パソコンゾーン」というように、家族で話し合って、大まかに「ゾーン」を決めます。そのゾーンの目的に合わせてモノを置いていくようにするのです。

リビングは家族が最も長くいる場所です。「ゾーン」決めは、この場所を、誰もが気持ちいい空間にするための工夫です。

食卓は「キッチンの近く」が基本。運ぶのも片づけるのも、これでグッと楽に。

## リビング After

# ゾーンを意識しただけで、リビングに秩序が戻ります。

ソファーもテーブルも、本来の目的を取り戻し、見ちがえるような「くつろぎゾーン」に。

AFTER

ムダを捨て、ゾーンに合わせてモノを置くと、空間が変化。147ページと同じ部屋とは思えない、かがやきを発したスペースになった。

いい状態をキープするには「元の場所」に戻すことが大事。「ラベリング」で家族でモノの場所を確認する。

## ラベリング

### 場所がわかっていないから、元に戻せない

容れ物に「ラベリング」してモノを管理。扉を開けてすぐ目につく、収納ケースや籐カゴの外側にラベルを貼れば、見た目も美しい。

# キッチン

秩序がない引き出しは使い勝手も悪い。

ただ詰め込まれた食器棚。

食器棚のモノをぜんぶ並べると……。

余った調味料は放り込んで忘れる。

## 「使いやすさ」を重視

右ページがビフォー、左ページがアフター。「よく使う」と「たまにしか使わない」。キッチンにあるのはこの2種類だけ。これを混同して置くから、作業効率も悪くなり、汚れるのです。**「よく使うモノ」は、腰から目線の高さにある収納スペース（ゴールデンゾーン）へ。**「たまに〜」の中で重いモノはシンク下、軽いモノは吊り戸棚、と左のページのようにしまう場所をきっちりと分けていきます。使用する人の動線に合わせることが、キッチン収納の大前提です。

料理下手の多くは、
実はキッチンの
未整理が原因です。

使わないモノを捨て、基本に従ってモノをしまったことで、カウンターに作業スペースも生まれた。

使っていない不要品をまとめたら、なんとこれだけの量に！

シンク下の棚。一度空にすることで、本来の収納力の大きさがよくわかる。

コップなど、よく使うモノを下（手前）に、そうでないものは上（奥）に。

整理された引き出し。調味料や調理小物、箸など使用頻度を考えてまとめる。

# 納戸は、死蔵品や保留物件を入れる所ではありません！

納戸 Before

箪笥の下段はどうやって開ける？　天井との隙間の箱も二度と開けられない。

もはや部屋ですらない納戸の末期。引っ越したときの開放感はどこへ行ったのか。

納戸 After

箪笥がすべての機能を取り戻しただけで、収納能力はグンとアップした。衣類も一直線にキレイに並べられている。

「取り出しやすい」ことを重視して、カバンを並べる。こうすれば、片づけるのも楽になる。

収納ケースには、きちんとラベリング。どこに何をしまっているか、わかっていなければ「納戸」の意味はなさない。

モノで入り口がふさがれ、「男の城」への入城さえままならない。

「男の夢」の書斎から出たゴミ。観られないビデオがごっそり。

カラーボックスを上手に使って、ディスプレイ＆本棚に。書斎には必ず「飾る」場所も確保しておきたい。

145ページの「荒城」が、スッキリした「書斎」に変身。収納スペースや机を同じ壁面に揃え、ゾーンを明確にした。

ステキな服が宝の持ち腐れになってしまっていませんか？

クローゼット

Before

左のクローゼットの中に詰め込まれていた洋服の一部。押し込めば、風通しも悪くなり、洋服の傷みも早くなる。

「もう着ないかな……」という服は、捨てる勇気を。クローゼットがゆったりしていれば、着たい服もすぐに探し出せる。

クローゼットの中から大量のCDが！　クローゼットは各人の「思い出」を無造作に押し込んでおく場所ではない。

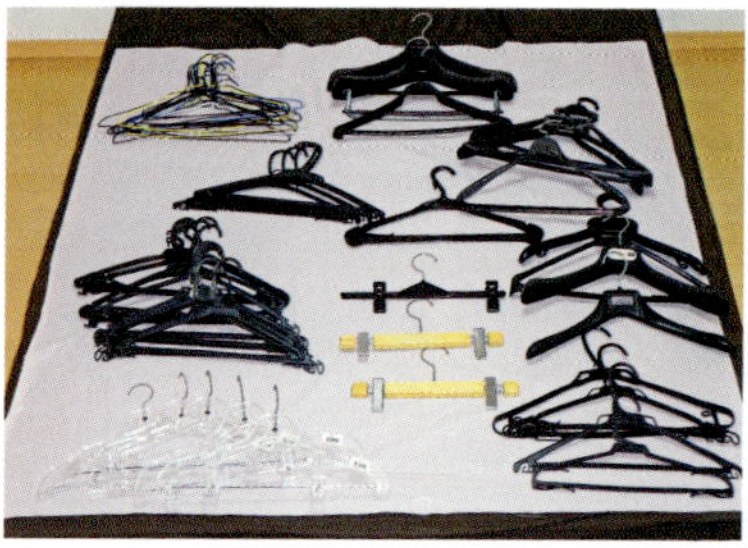

クリーニングに出すと、ただでもらえるハンガー。あると便利だが、ありすぎればただのゴミ。スペースを大きく損している。

BEFORE

引っ越しの段ボール箱まで上部に突っ込まれ、下部にもモノがあふれている。容量オーバーのクローゼットは、モノにも人にも優しくない。

## 目標は「7割収納」

広々としたクローゼットほど、油断してギュウギュウに詰め込んでしまうものです。これでは使い勝手も悪く、モノも傷みやすい。**理想は「7割収納」です。**

使い勝手をよくするためにも、ここでも「ゾーン」（147ページ）を意識した収納を心がけましょう。たとえば、中央部の右側は妻、左側は夫、と明確に分けるのです。同様に、上部は冠婚葬祭用品や浴衣等の出番の少ない服や季節モノを。

思い出の品もきちんと箱に整理し、上部に置きます。下部は衣装ケースを置き、重量のあるボトム類や、畳んでしまっておく衣服を入れます。スーツケースや紙袋は、両端にしまうといいでしょう。

# クローゼット

*After*

未使用品や重複したモノを捨てるだけで、クローゼットはグッと広くなる。また、洋服を畳むことで、容量をさらに稼げる。服は収納ケースの幅、高さに合わせて畳むといい。CDも厳選し、「思い出ボックス」（160ページ）に入れ、左写真の棚の上部へしまった。スカーフなどは、クリアファイルに挟んで収納すると、取り出すのもしまうのも楽で便利。

155ページのクローゼットを片づけた結果がコレ。ハンガーの色や服の色もそろえて掛け、開けた状態でも美しくなった。

# 真のオシャレは、クローゼットの整理整頓から始まります。

AFTER

## 収納地図の書き方

クローゼットや納戸に収納地図を貼るとキレイが続けられる。

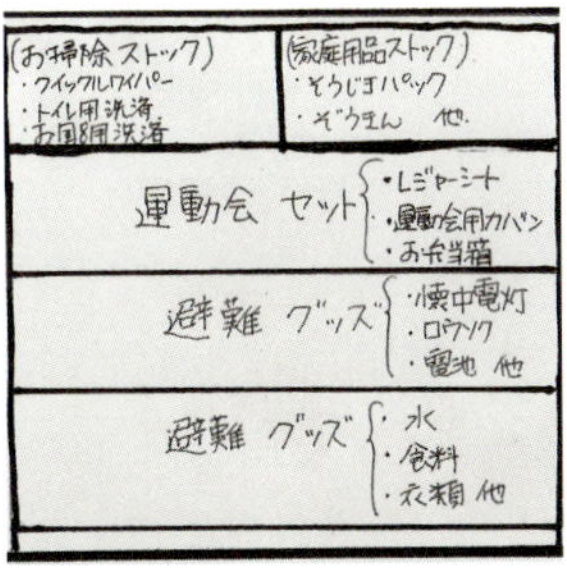


右の拡大。エリア内でどこに何を置くかを家族で取り決めた図。

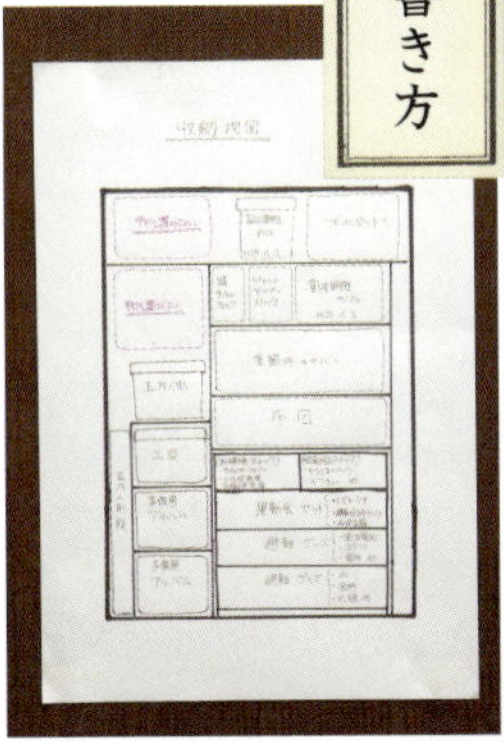


クローゼットや納戸は収納地図を書き、扉裏に貼ると便利。

目的が曖昧なモノは、子供部屋に押し込みがちになる。この部屋にはとうとう、お母さんのシャツまで干されてしまった。

子供部屋 Before

おもちゃや服をしまうために、カゴだけ増やして収集がつかなくなった。モノがありすぎれば、子供は片づけられない。

# 子供がひとりで片づけられる部屋にしましょう。

机の上に余計なモノを置かない。これが子供部屋の基本。その代わりサイドに本棚を置き、整理しやすいようにした。

上と同じ部屋とは思えない。ベッド脇のカラーボックスは、読みかけの本やその日着るパジャマの置き場として。

子供部屋 After

履かない靴も押し込めば、広かった靴箱も、必ずこういう結果に。中からは黴びた革靴が、何足も出てきてしまった。

宅配便の荷物やゴルフバッグまで玄関を侵食！　お客どころか、この家の住人も入りづらい入り口になってしまった。

# 玄関はその家の顔。乱雑だと、家族関係すら疑われます。

使う人ごとの頻度と動線を考えて靴を配置。靴磨き道具などはカゴでひとまとめに。クローゼット同様「7割収納」が目標。

玄関にモノを置くのはNG。タタキに置いていいのは、ひとり1足まで。

## 仮置きカゴ
KARIOKIKAGO

よく使う部屋には「仮置きカゴ」を置く。手紙や置きっぱなしの小物は、ここに放り込み、定期的に捨てる。子供のいる家庭は、ひとり１つ用意し「自分のカゴの中のモノを片づける」習慣をつけさせる。

## 賞味期限ボックス
SYOUMIKIGEN-BOX

使っていないが捨てられないモノは、「賞味期限ボックス」へ。整理日の１年後の日付を書き込み、邪魔にならない場所にしまっておく。期限までに使用しなかったら、家には不必要なモノ。割り切って捨てる。

## 思い出ボックス
OMOIDE-BOX

各部屋バラバラに置いてある思い出も、「思い出ボックス」で上手に整理できる。思い出は増えていくので、定量管理を徹底するのがコツ。１年に１度、思い出話に花を咲かせながら順次入れ替えていく。

【第4章】

# キレイが続く「片づけ8条憲法」のつくり方、まもり方

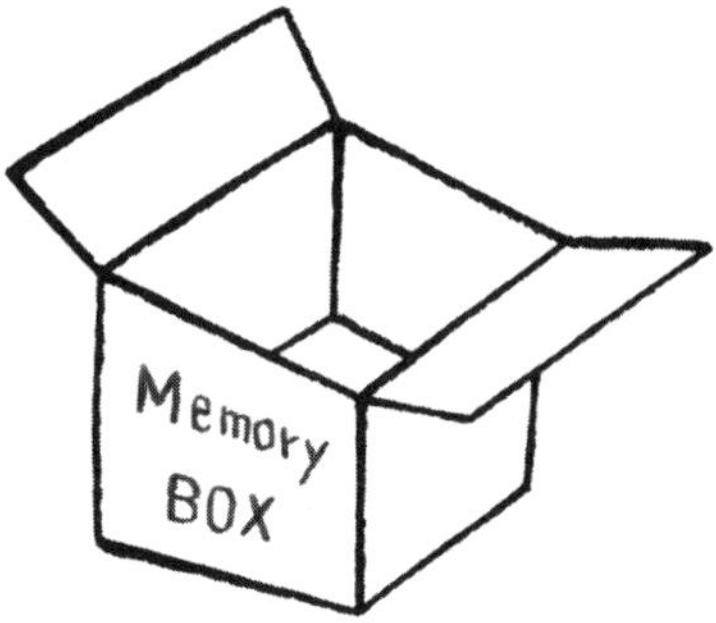

# 「片づけ8条憲法」を制定しよう

## 家族でつくる、片づけのオリジナル・ルール

片づけのセミナーで、よくこんな質問を受けます。

「私は家をキレイにしたいんです。でも、いくら口うるさく言っても、子供と旦那が聞いてくれません。どうしたらいいですか？」

きっと、旦那さんにもお子さんにも、他意はないのでしょう。嫌がらせをしているつもりもない。でも、出したら出しっぱなし。ゴミが落ちていても、拾おうとしない。

このご家庭では、「ルール」が共有されていないのです。奥さんが「こうしたい！」と切に思っている事柄が、家族の間で共有されていない。せっせと家を片づけている奥さんを見て、「片づけは妻（お母さん）の仕事」と思っているのかもしれません。

私は最初に、部屋を片づけるということは、ちょっとだけ「性格」を変えることだ、と言いました。もしかしたら、この本を読んでくださっている方は、変わろうとしているか

もしれません。でも、他の家族は？

一緒に暮らしている人たちすべてが、ちょっとずつ今までのやり方を変えていかないと、「片づけ」はうまくいきません。自分たちのスタイルを変えるとき、目標となるのが、「片づけのルール」なのです。だからこそ、家族全員で、ケンケンゴウゴウ話し合ってほしいんです。意見をぶつけあうプロセスの中で、お互いの気持ちを確認してください。

片づけのルールって、何のために必要なのか、もうおわかりですね？　同じ家で暮らす人間が、気持ちよく生活するために、あるのです。

では、私自身が家族間のルールにしている「片づけ8条憲法」を紹介しましょう。

## 第1条　「部屋の名」に恥じない使い方をせよ

散らかっているご家庭に、片づけにうかがうと、必ず「部屋の目的にふさわしくないモノ」が大量に出てきます。

先日、この春小学校に上がるというお子さんの部屋を片づけていたときのこと。

中型の段ボール箱が、本棚の片隅に押し込んでありました。中身を確認しないと、片づけようがありません。開けてみると目が点になりました。箱にはびっちり、昔の彼女と思われる写真やラブレターが！　この仕事のサガで、思わず整理しそうになりましたが、さすがに手を触れずに、そのままフタを閉じました。奥さんには、「旦那さんのモノみたいですから、ご自分でいる、いらないをジャッジしてください、と伝えておいてくださいね」と、にっこり笑いながら手渡しておきましたが……。

子供部屋には子供のモノ。キッチンにはキッチンで使うモノ。簡単なようで、うまくいきません。モノと部屋の目的が合致せず、曖昧になっていくと、部屋は途端に片づかなくなります。しまえばいい、ってものじゃないんです。

「この部屋の名前は？　目的は？」

自分に（あるいは家族に）、そう言い聞かせるぐらいがちょうどいいのかもしれませんね。

**第2条　買う前、もらった直後にモノを「格付け」せよ**

スッキリした空間でのゆったりした生活を手に入れたいなら、「もったいない」という言葉は忘れてください。

「捨ててしまうのはもったいない……」

このひと言によって捨てられなかった「いらないモノ」が、どれだけあなたの家の空間を占領してしまっていることでしょう。

新しいモノを購入する際には、「これは、自分（家族）の中で大事なモノだろうか」と考えます。どうしても必要ならば、買った分だけ、持ちモノを処分してください。今持っているモノより価値があるかどうかを判断するのです。

何かもらった際も同じです。要不要をすぐにジャッジ。自分（家族）にとって本当に必要なモノなんて、そう多くはありませんよ。

**第3条　とりあえず置くな、ひとり1個「仮置きカゴ」を持て**

私の家のリビングには、ちょっと大きめのカゴがひとつあります。これは私たち家族の「仮置きカゴ」です。

忙しくて、元に戻す時間がないな、というときは誰だってありますよね？　手紙だったら読む時間がない場合もある。そうしたとき、その辺に放っておくのではなく、「仮置きカゴ」に入れるのです。そのかわり、1日に1度中身をチェックします（忙しいなら週に1度でもかまいません。無理ないペースで定期的に！）。

わが家は、私と子供2人なので、カゴひとつですが、家族構成によっては、ひとり1個の仮置きカゴを持つぐらいがいいかもしれません。「とりあえず……」と置いたモノは、たいていそのまま居座ってしまいますからね。

## 第4条　使ったモノは「原状」に戻せ

片づけが苦手な人の共通した特徴は、「使ったモノ」を、決して元に戻さないということです。使ったら使いっぱなし。キッチンで料理をしたら、皿洗いは後回し。キレイだった「原状」に戻すということができないんです。

戻しやすくするためには、ラベリングや収納地図が有効です。「戻す場所がわからなくなってしまったから、戻さない」という方も、けっこう多いのです。

それでもお子さんなどが出しっぱなしにしていたら？　その子の仮置きカゴに入れてしまうんです。そして、一定のペースで声をかけます。

「仮置きカゴにモノがたまってるわよ。元に戻したり、捨てたりしなさいね」

汚かったあの頃に戻りたくない、と、箪笥《たんす》の扉の裏などに「汚部屋」の写真を飾っている方もいます。だらしなくなってきたな、と自覚が出てきたら、写真を見るんだそうです。

これで「片づけのモチベーションが上がるのよ！」とおっしゃってました。

## 第5条　「いつか使う」モノは持たない、持ち込まない、隠さない

「いつか」は永遠にやってきません。

食品と同じように、モノにだって「賞味期限」があります。「いつか」を信じて取っておいたモノは、時代遅れになったり、もっと便利なモノが出てきたり……と結局、使うことがないのです。

「『いつか』というのは、来ませんよ。だから思い切って処分しましょうね」

私はいろんなお宅で、必ずこうアドバイスします。だって「いつか使う」と思ってしまい込んだせいで、収納スペースを無駄にしてしまっているんですから。

## 第6条　会話が減ったら「ゴミ」を出せ

会話の量と、ゴミの量は、反比例しています。

たくさんのお宅にお邪魔しましたが、本当に実感しています。片づけが進んで、ゴミが減ってくると、驚くほど、ご夫婦の会話が多くなっていくんです。冷戦状態だったご夫婦

が、終盤にさしかかると、仲睦《むつ》まじくなった、というケースばかりです。

理由は簡単です。

家が散らかり、モノやゴミに占拠されていると、人のいる場所がなくなります。居心地が悪いから、人が居着かない。家族が同じ場所にいないんですから、会話が成立するわけがありません。会話がなければ、夫婦の仲は冷え込みます。

実際、夫婦の会話量と愛情の量は比例するようです。夫婦の会話時間と愛情との関係を調べた調査では、〈「愛情を感じている」と回答した人の会話時間は平均97分〉、〈「愛情を感じていない」と回答した人は平均47分〉と倍以上の開きがありました（2011年／明治安田生命「いい夫婦の日」調査）。

夫婦円満の秘訣は、まず片づけから、なのです。

## 第7条　「安いお宝」5秒で捨てろ

家は、思い出の集積です。

他人から見たら、くだらないと思えるようなモノでも、その家族にとっては大事なモノだったりします。子供が小さい時分は、「お子さんが作った図画工作」がその代表かもしれません。ご本人たちには、それがお宝なんです。

でも、そうしたモノもいずれ忘れます。では、忘れたモノは思い出でしょうか?

「他人の思い出」もやっかいです。結婚式のDVDや写真。これって、自分たち家族の思い出ですか?

本当に大切な思い出は、ひと目で思い出せるモノです。そうしたモノだけを「思い出ボックス」にしまい、残りは処分。処分する際は、くれぐれも5秒以上、じっと見ないようにしてください。見ると「思い出」だと勘違いしてしまいますから。

## 第8条　年末は「思い出コーナー」で初心に帰れ

「思い出ボックス」は、中に入れてしまったらそれで終わり、というわけではありません。

本当に大切な思い出も、年月を経れば、徐々に増えていきます。

映画がお好きな方のお宅にうかがったときのことです。その方は、パンフレットやチラシ、チケットの半券を大切に取っていました。でもその数が半端じゃない。あふれていたんです。

そこで、「思い出ファイル」をつくってもらい、そこにまとめてもらいました。ポケットは50個ですから、それ以上入りません。ですから、このファイルには常にベスト50をしまうというルールにしました。1つ追加する場合は、1つ捨てるのです。

その方にとっては、捨てる作業は辛いものでしたが、先日うかがったら、「入れ替える作業が楽しい」とおっしゃってました。「今までは振り返ることがなかったから」と。

「思い出ボックス」もそうです。無制限に増やしていいものじゃありません。例えば年末、その年の思い出を「思い出ボックス」に入れながら、入っていたモノを取捨選択する。思い出を共有し直すことになりますから、きっと温かい会話になるんじゃないかなあ。そんな温かい気持ちで話し合えば、ふたりで歩いていく未来も、はっきり見えてくるんじゃないでしょうか。

この「片づけ8条憲法」は、私の片づけの基本です。

これを参考にしながら、ぜひ、それぞれのご家庭のオリジナル・ルールをつくってみてください。お互いを思いやる視点さえあれば、きっと、他人にも誇れるステキなルールになります。

オリジナルの「片づけ憲法」が完成したら、最初の頃の自分を思い出してください。どうですか？　ちょっとだけかもしれませんが、ステキに変化したあなたがいるはずです。

## 片づけ8条憲法

第1条　「部屋の名」に恥じない使い方をせよ
第2条　買う前、もらった直後にモノを「格付け」せよ
第3条　とりあえず置くな、ひとり1個「仮置きカゴ」を持て
第4条　使ったモノは「原状」に戻せ
第5条　「いつか使う」モノは持たない、持ち込まない、隠さない
第6条　会話が減ったら「ゴミ」を出せ
第7条　「安いお宝」5秒で捨てろ
第8条　年末は「思い出コーナー」で初心に帰れ

あとがき

# 「片づけ」でハッピー・ライフを！

ある調査によると、夫婦がパートナーに感じる不満の第1位は、夫、妻ともに「整理整頓ができない」ことだそうです（2011年／明治安田生命「いい夫婦の日」調査）。

私もそうでしたが、片づけには、いまの人間関係が出てしまいます。夫婦仲が良くない家庭は、片づけもうまくいっていないことが多いんです。だから、相手が「整理整頓ができない」ことに不満を感じるのでしょう。

私は、この本をきっかけに、お互いの関係を見直してほしいな、って思うんです。お互いをもう一度、思いやってほしい。

だからそのために、「片づけ」のやり方を変えてほしいんです、片づけが変わると、自分が変わります。自分だけでなく、恋愛の仕方や、家族との関係も変わってきます。

いちばん大きいのは、片づけをきちんとすることで、「時間的余裕」ができることです。

今まで、片づけに忙殺されていた時間が、まるまる増えるんですから、そのぶん、大切な人との会話が増えますよね。

「経済的効果」もあります。無駄なモノを買うことが減り、本当に必要なモノしか買わなくなります。必要なモノはすぐに取り出せますし、片づいていない部屋を見てイライラすることもないから、「精神的余裕」も生まれます。

人って不思議ですよね？　整理ができていると、他人にやさしくできるんです。相手のことを考える時間的・精神的余裕があるからでしょうか？

片づけられなかった前回の結婚生活はうまくいきませんでしたが、自分が変わった今度は……私自身、楽しみです。

**すべてが雑だった私の人生**

先日、インブルームで長く一緒に片づけコンサルティングをしている仲間から、こんなことを言われました。

「片づけの仕事を始めた最初の頃、中山さんってどこか後ろ向きで、自信がなかったよね。こっちのほうが、『もっと堂々としてればいいのに』って歯がゆかったくらい。でも最近は、周囲に惑わされない強さがあって、見ていて頼もしいなと感じる」

きっと、「変われた」んですね。

実際、片づけられない時代の私の人生は、すべてにおいて雑でした。楽なほうにいつも逃げて、片づけを含めて、面倒くさいことはすべて後回し。そのとき楽しければいいと、先のことに目を向けない。夫婦関係も、きちんと会話しようとせずにほったらかし。「考える」ことも後回しにしているから、頭の中はいつもモヤモヤしていました。

でも「片づけ」に本気で取り組んだことで、それが変わったんです。何事も、後回しすることがなくなりました。だって、嫌なことを先に取り組んで、スッキリした爽快さに気づいてしまったんですから！　この快感、片づけをやりきった方ならきっとわかります。

## 「旅館の部屋を開けた瞬間」の気持ちよさ

私が出会った、片づけられない人たちは、みなさん、最初の頃は暗い顔をしていました。とりとめもなく悩んでいました。だってそうです。片づけをしていない人生は、常にマイナスからのスタートなんですから。

片づけをしていないと、何かを始めようとしたとき、片づけから始めることになります。

机の上を片づけてからでないと仕事ができない。汚れた食器を洗ってからでないと料理ができない。マイナスからのスタートは気分をどんよりさせます。そして生活は停滞していきます。

片づけを済ませていれば、ゼロから始められます。いつも清々しい気分で、スタートできるんです。

「旅館の部屋を開けた瞬間の気持ちよさがありますね！」

片づけを終えた、ある方の言葉です。片づけをした方にこの話をすると、みなさん、笑顔で頷《うなず》かれます。私もそうです、と必ずおっしゃいます。この爽快感——本を読んでいただいたみなさんにも味わってほしいな、と思います。

さあ、片づけをして、もっと人生を楽しみましょう！

**中山真由美（なかやま・まゆみ）**
整理収納アドバイザー。1974年、神奈川県生まれ。子供の頃からの「捨てベタ」「しまいベタ」を克服すべく資格取得、インブルーム（株）で整理収納事業を立ち上げ、現在は取締役。個人宅や法人を対象に、暮らしを楽しくする整理収納のための実践的コンサルティングを行なうほか、各種セミナー等で人気講師として活躍中。著書に『心も整う「捨てる」ルールと「しまう」ルール』（集英社）がある。テレビ出演に『NHKとなりの子育て』『ワールドビジネスサテライト』など。大手の住宅メーカーと間取り開発、流通業社と収納ラベルの開発なども行なう。

**構成／角山祥道（かくやま・しょうどう）**
1969年東京都生まれ。大学在学中の90年に書評ライターとしてデビュー。以後、インタビュー、書評、単行本の構成を中心に活動。編集・構成した書籍に『相性』『51　世界で一番小さく生まれたパンダ』など。名刺評論家の肩書きも持ち、著書に『開運！名刺パワー』がある。

増やす男と、捨てない女の片づけ術

2012年5月13日　初版第1刷発行

著　者　中山真由美、角山祥道

発行者　海老原高明
発行所　株式会社　小学館
〒101-8001　東京都千代田区一ツ橋2-3-1
電話／編集　03（3230）5965
業務　03（3230）5333
販売　03（5281）3555
編集担当　井本一郎
印刷所　大日本印刷株式会社
製本所　株式会社　若林製本工場
Printed in Japan



ISBN978-4-09-388242-2